Pierre Le Bourgeois

Maître, où demeures-tu ?

Pierre Le Bourgeois

Maître, où demeures-tu ?

Tome 1 : Par le Fils dans l'Esprit Saint, cheminons vers le Père

Éditions Croix du Salut

Mentions légales / Imprint (applicable pour l'Allemagne seulement / only for Germany)
Information bibliographique publiée par la Deutsche Nationalbibliothek: La Deutsche Nationalbibliothek inscrit cette publication à la Deutsche Nationalbibliografie; des données bibliographiques détaillées sont disponibles sur internet à l'adresse http://dnb.d-nb.de.

Toutes marques et noms de produits mentionnés dans ce livre demeurent sous la protection des marques, des marques déposées et des brevets, et sont sous des marques ou des marques déposées de leurs détenteurs respectifs. L'utilisation des marques, noms de produits, noms communs, noms commerciaux, descriptions de produits, etc, même sans qu'ils soient mentionnés de façon particulière dans ce livre ne signifie en aucune façon que ces noms peuvent être utilisés sans restriction à l'égard de la législation pour la protection des marques et des marques déposées et pourraient donc être utilisés par quiconque.

Photo de la couverture: www.ingimage.com

Editeur: Éditions Croix du Salut est une marque déposée de
Südwestdeutscher Verlag für Hochschulschriften GmbH & Co. KG
Heinrich-Böcking-Str. 6-8, 66121 Sarrebruck, Allemagne
Téléphone +49 681 37 20 271-1, Fax +49 681 37 20 271-0
Email: info@editions-croix.com

Produit en Allemagne:
Schaltungsdienst Lange o.H.G., Berlin
Books on Demand GmbH, Norderstedt
Reha GmbH, Saarbrücken
Amazon Distribution GmbH, Leipzig
ISBN: 978-3-8416-9806-3

Imprint (only for USA, GB)
Bibliographic information published by the Deutsche Nationalbibliothek: The Deutsche Nationalbibliothek lists this publication in the Deutsche Nationalbibliografie; detailed bibliographic data are available in the Internet at http://dnb.d-nb.de.

Any brand names and product names mentioned in this book are subject to trademark, brand or patent protection and are trademarks or registered trademarks of their respective holders. The use of brand names, product names, common names, trade names, product descriptions etc. even without a particular marking in this works is in no way to be construed to mean that such names may be regarded as unrestricted in respect of trademark and brand protection legislation and could thus be used by anyone.

Cover image: www.ingimage.com

Publisher: Éditions Croix du Salut is an imprint of the publishing house
Südwestdeutscher Verlag für Hochschulschriften GmbH & Co. KG
Heinrich-Böcking-Str. 6-8, 66121 Saarbrücken, Germany
Phone +49 681 37 20 271-1, Fax +49 681 37 20 271-0
Email: info@editions-croix.com

Printed in the U.S.A.
Printed in the U.K. by (see last page)
ISBN: 978-3-8416-9806-3

Copyright © 2012 by the author and Südwestdeutscher Verlag für Hochschulschriften GmbH & Co. KG and licensors
All rights reserved. Saarbrücken 2012

Table des matières

Avant-Propos 5

Première Partie : En accueillant Jésus... 9

Chapitre 1 : Accueillir Jésus qui se fait petit enfant 13
   Gloire à Dieu – Noël 13
   Bethléem ! 15
   Il est né ! N'est-ce pas une Bonne Nouvelle ? 17
   Épiphanie : Une manifestation ! 20
   Suivez l'étoile… ! 22

Chapitre 2 : Accueillir Jésus en son mystère Pascal 25
   A la suite du Christ Serviteur 25
      Jeudi Saint : Le Christ Serviteur lave les pieds de ses Apôtres 25
      Vendredi Saint : Le Christ Serviteur souffrant 27
      Vigile Pascale : Le Christ Serviteur de l'homme dans la liturgie 29
      Dimanche de Pâques : Le Christ Ressuscité Serviteur de la joie définitive de l'homme 32
   Le Christ nous révèle la plénitude de l'Amour de Dieu : un cheminement catéchuménal 34
      Jeudi Saint : « *Faites cela en mémoire de moi* » 34
      Vendredi Saint : « La croix demeure tandis que le monde tourne » 37

    Samedi Saint : Serviteur de l'Espérance ! 39
    Dimanche de Pâques : « Je suis avec vous ! » 41
Faire l'expérience de l'Amour de Dieu jusqu'à l'extrême ! 43
    Jeudi Saint : Paradoxe de l'Amour… ! 43
    Vendredi Saint : L'Agneau innocent est immolé ! 46
    Vigile Pascale : Une Lumière dans les ténèbres ! 48
    Dimanche de Pâques : Obéissance de la Foi ! 50

Chapitre 3 : En accueillant Jésus qui nous ouvre le chemin vers le Père 53
Ascension : Les deux pieds sur Terre mais la tête dans le Ciel 53
Ascension : Espérance ! 55
Le Christ est Roi ! 58
Fête du Christ Roi : Déjà là mais toujours plus ! 60

Chapitre 4 : En accueillant Jésus qui nous appelle à la Sainteté 63
Soyez les saints d'aujourd'hui ! 64
Heureux d'être appelé à vivre les Béatitudes 66
Tous saints ! 69
Ô Dieu Trinité… ! 71

Chapitre 5 : En accueillant Jésus qui nous donne ce qui est nécessaire pour la route. 75
Baptême du Christ 76
    Baptisés à la suite du Christ 76
    Baptême ! Un point culminant ! 78
Fête du Corps et du Sang du Seigneur 81
    « Vous ferez cela en mémoire de moi » 81
    Il est là… ! 83
Le Mariage 86
    Aimer en vérité (Jean 15, 9-13) 86
    Mariage et Sacerdoce 88

Deuxième Partie : En vivant de l'Esprit Saint… 91

Chapitre 1 : L'Esprit Saint dans la première Alliance 93
Chapitre 2 : L'Esprit Saint et Jésus 97
Chapitre 3 : L'Esprit Saint dans l'Église naissante 101
Chapitre 4 : La présence de l'Esprit Saint en nos vies 105
Chapitre 5: Le Christ pleinement consacré par l'onction de l'Esprit Saint 111
Chapitre 6 : Prière à l'Esprit Saint 115

Vers le Père 119

Bibliographie 123

« Maître, où demeures-tu ? » - « Venez et voyez »

Avant-Propos

Tout en ayant une profonde unité organique, les pages qui s'ouvrent devant nous pourrons sembler quelques peu disparates tant par le style que par le propos. En effet, elles sont le fruit d'interventions dans des cadres de différentes missions : prédications, enseignements donnés en conférence, réflexions écrites, etc. Il semble donc opportun de rappeler les fonctions du prêtre catholique puisque l'auteur de cet ouvrage a reçu l'ordination presbytérale il y a près de vingt ans.

> « Par la sainte ordination et la mission reçues des évêques, les prêtres sont promus au service du Christ Docteur, Prêtre et Roi ; ils participent à son ministère, qui, de jour en jour, construit ici-bas l'Église pour qu'elle soit Peuple de Dieu, Corps du Christ, Temple du Saint-Esprit. »

Ainsi s'exprime le Concile Vatican II au tout début du décret sur *Le ministère et la vie des prêtres – Presbyterorum Ordinis*. Le chapitre II du document est intitulé : *Le ministère des* prêtres. Et, dès le premier paragraphe de ce chapitre les Pères conciliaires présentent en trois numéro les différentes fonctions du prêtre :

- Les prêtres, ministres de la Parole de Dieu (n° 4)
  > « Le Peuple de Dieu est rassemblé d'abord par la Parole du Dieu vivant qu'il convient d'attendre tout spécialement de la bouche des prêtres. En effet, nul ne peut être sauvé sans avoir d'abord cru ; les prêtres, comme

coopérateurs des évêques, ont pour premier devoir d'annoncer l'Évangile à tous les hommes ; ils exécutent ainsi l'ordre du Seigneur : "Allez par le monde entier, prêchez l'Évangile à toute la création" (Mc 16, 15), et ainsi ils constituent et font grandir le Peuple de Dieu. »

➢ Les prêtres, ministres des sacrements et de l'Eucharistie (n° 5)

« Dieu, le seul Saint, le seul Sanctificateur, a voulu s'associer des hommes comme collaborateurs et humbles serviteurs de cette œuvre de sanctification. Ainsi, par le ministère de l'évêque, Dieu consacre des prêtres qui participent de manière spéciale au sacerdoce du Christ, et agissent dans les célébrations sacrées comme ministres de celui qui, par son Esprit, exerce sans cesse pour nous, dans la liturgie, sa fonction sacerdotale. »

➢ Les prêtres, chefs du Peuple de Dieu (n° 6)

« Exerçant, pour la part d'autorité qui est la leur, la charge du Christ Tête et Pasteur, les prêtres, au nom de l'évêque, rassemblent la famille de Dieu, fraternité qui n'a qu'une âme, et par le Christ dans l'Esprit, ils la conduisent à Dieu le Père. »

On retrouve au travers de ces numéros la doctrine traditionnelle des *tria munera* autour desquels s'articule l'ensemble de la mission du prêtre au cœur de l'Église : enseigner, sanctifier, gouverner. Cette triple mission, le Pape Benoît XVI l'a reprise et développée lors de l'année sacerdotale, qui fut célébrée dans l'Église entre la Fête du Sacré Cœur 2009 et celle de 2010 (19 juin 2009 et le 11 juin 2010). Dans trois catéchèses du mercredi, il a repris ces trois fonctions du prêtre : *munus docendi* le 14 avril 2010 ; *munus sanctificandi* le 5 mai 2010 ; *munus regendi* le 26 mai 2010. Il l'a fait en rappelant d'une manière explicite :

« Le prêtre qui agit *in persona Christi Capitis* et en représentation du Seigneur, n'agit jamais au nom d'un absent, mais dans la Personne même du Christ ressuscité, qui se rend présent à travers son action réellement concrète. Il agit réellement et réalise ce que le prêtre ne pourrait pas faire :

la consécration du vin et du pain, afin qu'ils soient réellement présence du Seigneur, l'absolution des péchés. Le Seigneur rend présente son action dans la personne qui accomplit ces gestes. Ces trois devoirs du prêtre – que la Tradition a identifiés dans les diverses paroles de mission du Seigneur : *enseigner, sanctifier* et *gouverner* – dans la distinction et dans leur profonde unité, sont une spécification de cette représentation concrète. Ils sont en réalité les trois actions du Christ ressuscité, le même qui aujourd'hui, dans l'Église et dans le monde, enseigne et ainsi crée la foi, rassemble son peuple, crée une présence de la vérité et construit réellement la communion de l'Église universelle ; et sanctifie et guide »[1].

Ce rappel est important au début de ces pages. En effet, l'auteur de celles-ci a rédigé l'ensemble des textes qui sont ici présentés dans le cadre de son ministère qui lui est confié par l'Église, cherchant jour après jour à vivre humblement sa consécration sacerdotale en vue de la mission d'annonce de l'Évangile, tant par sa vie que par la parole, vécue dans la Charité pastorale.

« Le principe intérieur, la vertu qui anime et guide la vie spirituelle du prêtre, en tant que configuré au Christ Tête et Pasteur, est la charité pastorale, participation à la charité pastorale du Christ Jésus: don gratuit de l'Esprit Saint, et, en même temps, engagement et appel à une réponse libre et responsable de la part du prêtre »[2].

Il en résulte que le lecteur est appelé à avancer dans un cheminement ainsi guidé par le Christ Bon Pasteur. Ce cheminement passe par cinq étapes qui seront réparties en deux tomes.

Dans un premier temps, nous avancerons en pèlerinage vers le Père par le Fils dans l'Esprit Saint :

1. En accueillant Jésus (tome 1)
2. En vivant de l'Esprit Saint (tome 1)

---

[1] Catéchèse du mercredi 14 avril 2010, Traduction Zénit.
[2] Jean-Paul II, *Exhortation Apostolique post-synodale Pastores dabo vobis*, 25 mars 1992, n° 23.

Dans une deuxième notre route sera celle de l'Église qui pérégrine au long de l'histoire afin de vivre avec Marie au cœur del'Église pour devenir adorateur de Dieu un et trine :

3. Avec la Vierge Marie (tome 2)
4. En vivant au cœur de l'Église (tome 2)
5. Pour devenir adorateur en « esprit et vérité »[3] (tome 2)

Chacune de ces parties sera divisée en chapitres qui seront indépendants entre eux tout en formant une unité de thème. Aussi la lecture pourra se faire d'une manière cursive afin d'avancer d'étape en étape sur le chemin proposé ou bien en goutant chaque chapitre suivant l'inspiration de l'Esprit.

La finalité de ces pages étant de donner au lecteur la joie de vivre toujours plus de l'alliance avec le Christ ressuscité, afin de « Vivre en disciple de Jésus », qu'il soit permis de d'inviter celui qui ouvre ces pages à une véritable expérience spirituelle en vivant ce qu'écrit saint Ignace de Loyola au début des *Exercices Spirituels* :

> « *Cinquième annotation.* Pour celui qui reçoit les exercices, il est très profitable d'y entrer avec un cœur large et avec grande générosité envers son Créateur et Seigneur, lui *offrant* tout son vouloir et toute sa liberté pour que sa divine Majesté *se serve* de sa personne aussi bien que de tout ce qu'il possède *conformément* à sa très sainte volonté »[4].

---

[3] Cf Jean 4, 23
[4] S. Ignace de Loyola, *Exercices Spirituels*, DDB-Bellarmin, 1991, p. 30.

Première Partie :
En accueillant Jésus...

« "Dieu est amour : celui qui demeure dans l'amour demeure en Dieu, et Dieu en lui" (*1 Jn* 4, 16). Ces paroles de la *Première Lettre de saint Jean* expriment avec une particulière clarté ce qui fait le centre de la foi chrétienne : l'image chrétienne de Dieu, ainsi que l'image de l'homme et de son chemin, qui en découle. De plus, dans ce même verset, Jean nous offre pour ainsi dire une formule synthétique de l'existence chrétienne : "Nous avons reconnu et nous avons cru que l'amour de Dieu est parmi nous".

Nous avons cru à l'amour de Dieu : c'est ainsi que le chrétien peut exprimer le choix fondamental de sa vie. À l'origine du fait d'être chrétien, il n'y a pas une décision éthique ou une grande idée, mais la rencontre avec un événement, avec une Personne, qui donne à la vie un nouvel horizon et par là son orientation décisive ».

Ainsi s'exprime le Pape benoît XVI dès le début de sa première encyclique *Deus Caritas Est* datée du 25 décembre 2005, jour de Noël. A travers ses mots, le Pape insiste sur le prima d'une rencontre avec le Christ afin de vivre dans une authentique vérité la vie chrétienne. Presque toujours, le Christ est celui qui a l'initiative de cette rencontre. Il suffit de regarder l'Évangile pour s'en convaincre.

Il se laisse rencontrer et donne à l'homme la liberté d'une réponse qui ouvre la route de la vie et engage dans l'alliance.

« En ce moment, je me souviens du 22 octobre 1978, quand le Pape Jean-Paul II commença son ministère ici, sur la Place Saint-Pierre. Les paroles qu'il prononça alors résonnent encore et continuellement à mes oreilles : "N'ayez pas peur, au contraire, ouvrez tout grand les portes au Christ". Le Pape parlait aux forts, aux puissants du monde, qui avaient peur que le Christ les dépossède d'une part de leur pouvoir, s'ils l'avaient laissé entrer et s'ils avaient concédé la liberté à la foi. Oui, il les aurait certainement dépossédés de quelque chose: de la domination de la corruption, du détournement du droit, de l'arbitraire. Mais il ne les aurait nullement dépossédés de ce qui appartient à la liberté de l'homme, à sa dignité, à l'édification d'une société juste. Le Pape parlait en outre à tous les hommes, surtout aux jeunes. En quelque sorte, n'avons-nous pas tous peur – si nous laissons entrer le Christ totalement en nous, si nous nous ouvrons totalement à lui – peur qu'il puisse nous déposséder d'une part de notre vie ? N'avons-nous pas peur de renoncer à quelque chose de grand, d'unique, qui rend la vie si belle ? Ne risquons-nous pas de nous trouver ensuite dans l'angoisse et privés de liberté ? Et encore une fois le Pape voulait dire : Non ! Celui qui fait entrer le Christ ne perd rien, rien – absolument rien de ce qui rend la vie libre, belle et grande. Non ! Dans cette amitié seulement s'ouvrent tout grand les portes de la vie. Dans cette amitié seulement se dévoilent réellement les grandes potentialités de la condition humaine. Dans cette amitié seulement nous faisons l'expérience de ce qui est beau et de ce qui libère. Ainsi, aujourd'hui, je voudrais, avec une grande force et une grande conviction, à partir d'une longue expérience de vie personnelle, vous dire, à vous les jeunes: n'ayez pas peur du Christ ! Il n'enlève rien et il donne tout. Celui qui se donne à lui reçoit le centuple. Oui, ouvrez, ouvrez tout grand les portes au Christ – et vous trouverez la vraie vie. Amen »⁵.

Un des lieux où le Seigneur se donne à rencontrer, c'est la liturgie. En effet, tout au long de l'année liturgique, l'Église donne aux fidèles de traverser les différents mystères de la vie du Seigneur afin qu'en s'en nourrissant ils puissent en vivre.

Dans cette partie, grâce aux homélies, nous allons parcourir différents moments de l'année liturgique qui vont nous donner de contempler simplement la personne de Jésus.

---

⁵ Benoît XVI, *Homélie de l'inauguration de son Pontificat*, 24 avril 2005.

स« Maître, où demeures-tu ? » - « Venez et voyez »

Chapitre 1

Accueillir Jésus qui se fait petit enfant

Gloire à Dieu – Noël

Nous venons de l'entendre, nous l'avons chanté avec les anges *« Gloire à Dieu au plus haut des cieux et paix sur la terre aux hommes qu'il aime ! »* C'est le grand message de Noël. En nous prosternant devant le divin petit enfant de la crèche, nous voyons combien l'Amour de Dieu est grand pour nous. En effet, ainsi qu'a pu le dire le Pape Benoît XVI le mercredi 23 décembre 2009 à l'audience générale :

> « Dieu est venu sans armes, sans la force, car il n'entend pas conquérir l'homme de l'extérieur mais être librement accueilli par lui. Dieu se fait enfant pour vaincre par l'amour, l'orgueil, la violence, la soif de possession de l'homme. En Jésus, Dieu a pris cette condition pauvre et désarmante pour triompher sur nous par l'amour et nous conduire à notre véritable identité. »

Dieu entre dans l'histoire. Il y a un réalisme très fort de la foi en l'Emmanuel, Dieu-avec-nous, qui se fait petit enfant. Dieu s'est vraiment manifesté. Dans le Christ, Il s'est fait chair. Ressuscité, Il demeure vrai Homme, Il ouvre à Dieu notre humanité. Il est le garant de la proximité de Dieu, un Dieu qui nous appelle sans cesse. Un Dieu qui met au centre de notre vie personnelle et communautaire la tâche de la réconciliation. Cet accueil de Dieu est véritablement un remède aux tribulations d'aujourd'hui ! *« Gloire à Dieu au plus haut des cieux et paix sur la terre aux hommes qu'il aime ! »* En d'autres termes, le message de Noël nous engage chacun d'entre nous à rechercher la gloire de Dieu, c'est-à-dire d'accepter un cœur d'enfant, un cœur de pauvre qui n'est pas encombré afin d'accueillir celui qui vient nous révélé la plénitude de l'Amour miséricordieux de Dieu.

Ce cœur d'enfant, ce cœur de pauvre, nous engage chacun d'entre nous à nous déposséder de nous-mêmes pour ouvrir notre cœur comme l'enfant de la crèche ouvre le sien. Le saint curé d'Ars aimait à dire : « Ouvrons notre cœur, le Bon Dieu ouvrira le sien. Nous irons à lui, il viendra à nous, l'un pour demander et l'autre pour donner. Ce sera comme un souffle de l'un à l'autre. » C'est cela avoir un cœur de pauvre, un cœur d'enfant. Il n'y a rien d'infantile, bien au contraire, il y a la reconnaissance que nous avons besoin d'être aimé et d'aimer. La gloire de Dieu présente dans le cœur de l'homme, c'est justement cette force d'aimer qui fait tomber les barrières. Ces barrières parfois nous ne savons pas les reconnaître ou même nous les aimons alors qu'elles nous emprisonnent ! C'est pourquoi, recherchons ce qui nous permet d'aimer en vérité, recherchons la gloire de Dieu pour être artisans de paix. *« Gloire à Dieu au plus haut des cieux et paix sur la terre aux hommes qu'il aime ! »*

Chers frères et sœurs, tout au long de l'Avent, nous avons cheminé avec la Vierge Marie. Le cœur ouvert de Notre Dame nous a montré à chacun combien l'amour conduit au don. N'est-ce pas ce qui se vit au sein d'un foyer, d'une famille, d'une communauté ? N'est-ce pas ce que nous voyons avec émerveillement en cette nuit de Noël ? L'Amour de Dieu est infini et il se donne ! L'Amour de Marie est pleinement uni à cet Amour de Dieu et elle se donne afin de participer au dessein de Dieu, afin de nous donner l'enfant Jésus ! L'Amour simple et vrai des bergers est tellement flagrant qu'ils accueillent, dans l'effroi, et c'est normal, l'annonce des anges et ils vont jusqu'à la crèche afin de voir ce *« nouveau-né emmailloté et couché dans une mangeoire »* et lui donner un petit agneau, le fruit de leur travail, de leur labeur !

Alors, en cette nuit de Noël, à notre tour laissons nos cœurs battre au rythme de celui de la Vierge Marie. Ouvrons nos cœurs à la petite voix de l'enfant de la crèche afin de laisser son Amour envahir nos cœurs et faire de nous des artisans de paix. *« Gloire à Dieu au plus haut des cieux et paix sur la terre aux hommes qu'il aime ! »* Oui, paix dans nos cœurs, paix dans nos familles, paix dans nos communautés et dans le monde. Ce petit enfant qui est là est le prince de la paix qui nous aime et désire être accueilli par chacun d'entre nous dans nos vies. Alors, avec douceur et force, l'Amour changera notre manière de penser, nos modes de vie, notre façon d'aimer. *« Gloire à Dieu au plus haut des cieux et paix sur la terre aux hommes qu'il aime ! »*

Bethléem !

En cette nuit très sainte, notre cœur et notre pensée se tourne vers une petite ville de Judée, la ville de David, Bethléem. C'est là, en effet, qu'est né le Prince de la Paix, l'Emmanuel – Dieu avec nous, Jésus – Dieu Sauveur. Notre cœur se tourne vers cette chère ville de Bethléem, où les chrétiens se rassemblent toujours pour célébrer la naissance du Rédempteur de l'homme. Notre cœur se tourne vers Bethléem et nous demandons au Divin Petit Enfant de la Crèche que cette cité puisse retrouver la profondeur de sa vocation au cœur de l'histoire de l'humanité. C'est à Bethléem que l'histoire prend une nouvelle dimension, celle de la Rédemption accomplie dans l'Incarnation du Fils bien-aimé du Père.

Aujourd'hui nous est né un Sauveur et c'est à Bethléem. Le ciel s'entrouvre, les anges chantent la Gloire du Seigneur et la paix que Dieu donne aux hommes. Ils viennent nous dire : « Cherchez la Gloire de Dieu et la paix vous sera donnée ». En quelque sorte, les anges nous mettent en garde en nous disant que si nous cherchons notre propre gloire alors nous n'aurons jamais la paix, mais si nous nous tournons toujours plus en vérité vers Dieu, vers le Prince de la Paix, alors celle-ci nous sera donnée. L'actualité ne nous donne-t-elle pas une preuve de ce que nous disent les anges ? Alors, en cette nuit où nous nous prosternons devant le Petit Enfant de la Crèche, demandons au Seigneur qu'il convertisse notre cœur afin que nous aussi nous devenions vraiment des artisans de paix dans nos familles, dans notre travail, dans notre cité.

Chers frères et sœurs, Bethléem, voilà un nom qui réjouit les cœurs. Il se trouve que ce nom de ville veut dire la même chose tant en arabe qu'en hébreux. Bethléem, c'est la maison du pain. On peut alors dire que c'est la maison de la vie car le pain nous est donné afin que nous puissions nous nourrir et vivre. Cela nous interroge encore une fois en voyant de par le monde et chez nous aussi tant d'hommes et de femmes qui n'ont pas le nécessaire pour vivre. D'ailleurs, Jésus est né dans une étable pauvrement, humblement, simplement, *« car il n'y avait pas de place pour eux dans la salle commune »*. Aujourd'hui, nous nous prosternons devant l'Enfant de la Crèche, nous partageons nos cadeaux avec notre famille et nos amis, que l'Enfant Jésus nous aide aussi à partager avec nos frères dans le besoin : Partager un sourire, partager un peu de temps, partager un peu de nous-même, partager de ce que nous avons.

Bethléem, la maison du pain, et voilà que nous voyons Jésus être déposé dans une mangeoire. Jésus est vraiment le pain qui donne la vie, il est le vrai pain qui descend du ciel, ce pain de vie qu'est son corps livré pour nous. Pour l'instant, il est dans les douces mains de la Vierge Marie qui veille sur son Enfant comme toutes les mamans. Quelques années plus tard, ce sera sur l'autel de la croix que le Corps du Christ sera livré pour le salut du monde. Il y a comme une unité mystérieuse qui nous conduit de la crèche au mystère de la Passion, du mystère de la Nativité au mystère Pascal, et ce qui fait l'unité entre les deux : c'est le Corps du Christ qui se met entre nos mains.

Cette unité se continue jusqu'à nous aujourd'hui. Certes, nous aussi nous avons déposé avec douceur et bonheur le Petit Enfant dans la Crèche, mais également nous allons recevoir le Corps du Christ dans la Communion. Il y a une unité entre chaque messe et le mystère de la Nativité du Sauveur. Alors, demandons à la Vierge Marie de savoir recevoir le corps de Jésus, elle qui l'a reçu dans ses bras à Bethléem comme au pied du calvaire. Que Notre Dame nous aide vraiment à recevoir avec amour et tendresse le Seigneur Jésus, qu'elle nous donne de reconnaitre le *« nouveau-né emmailloté et couché dans une mangeoire »* comme étant vraiment le Messie qui est le Sauveur de tout homme, notre Rédempteur.

Chers frères et sœurs bien-aimés, en cette nuit de Noël, n'ayons pas peur de nous émerveiller en accueillant et en cherchant avec les bergers la Gloire de Dieu qui se manifeste dans la crèche à Bethléem, la maison du pain, afin d'accueillir la Paix donnée par *« le nouveau-né emmailloté et couché dans une mangeoire »*, Jésus.

Il est né ! N'est-ce pas une Bonne Nouvelle ?

En cette fête de Noël, nos yeux et notre cœur ne savent plus où donner de la tête. En effet, nous sommes attirés par un petit enfant qui vient de naître et qui est couché tout simplement dans une mangeoire. Le silence prévaut et la contemplation nous appelle.

En même temps, le Ciel est envahi d'anges qui chantent à tue-tête la Gloire de Dieu. Écoutons-les encore une fois : *« Gloire à Dieu au plus haut des cieux, et paix sur la terre aux hommes qu'il aime »*. Et pourquoi chantent-ils ? Parce que cet enfant que nous venons de contempler c'est Dieu lui-même qui se fait homme, qui se donne à nous, qui nous invite à l'essentiel. Mais pour le découvrir, pour le reconnaître, nous avons besoin du chant des anges, nous avons besoin de nous laisser toucher par la grâce de Dieu, nous avons besoin de sortir de notre logique rationnelle qui nous sécularise pour entrer dans la logique de l'Amour qui nous ouvre au mystère infini de Dieu. N'ayons pas peur de cette révolution de l'Amour !

Il y a un peu plus d'une cinquantaine d'années, l'astronaute James Irwin, qui en avait assez d'entendre que la marche sur la Lune représentait « un petit pas pour Armstrong, mais un grand pas pour l'humanité », déclara avec justesse : « Le plus grand événement de l'Histoire, ce n'est pas que l'homme ait marché sur la Lune, mais que Dieu ait marché sur la Terre ». Au moins les choses étaient dites et on pourrait les prolonger en disant clairement qu'à la différence d'Apollo XI, l'expédition du Dieu d'Amour sur terre n'est pas finie mais elle dure toujours.

Chers frères et sœurs, Dieu est l'Emmanuel ! Il est Dieu avec nous ! Nous le célébrons en cette nuit où sont noués les deux pans du paradoxe de l'Incarnation : la Gloire du Ciel et l'humilité de la Crèche. Or, quand la Gloire de Dieu rencontre l'homme, c'est la paix qui est donnée. *« Oui ! un enfant nous est né, un fils nous a été donné ; l'insigne du pouvoir est sur son épaule ; on proclame son nom : "Merveilleux-Conseiller, Dieu-Fort, Père-à-jamais, Prince-de-la-Paix" »*, avons-nous entendu dans la première lecture. Et le prophète de terminer en disant : *« Voilà ce que fait l'amour invincible du Seigneur de l'univers »*.

Mais alors, pourquoi voyons-nous encore tant de violence, de haine, de guerres ? Peut-être est-ce parce que nous avons oublié que cette recherche de l'infini, cette recherche du bonheur, ne peut être que comblée par Dieu lui-même qui vient jusqu'à nous. Peut-être parce que nous sommes trop comblés de matériel ou de technologie que nous en oublions l'essentiel : la vie, l'amour, la grandeur de la personne. Peut-être parce que nous avons oublié d'où nous venons, ce qui a construit notre histoire, et vers où nous allons, ce qui est le but de notre vie, que nous tombons dans l'absurde dont nous cherchons à sortir à la force du poignet, à la force des bras.

Or la réponse est là devant nous et nous ouvre à l'Espérance. C'est une Bonne Nouvelle qui nous est annoncée avec le concours des anges : *« Ne craignez* pas, car voici que je viens vous annoncer une bonne nouvelle, une grande joie pour tout le peuple : Aujourd'hui vous est né un Sauveur, dans la ville de David. Il est le Messie, le Seigneur ».

Homme, redresse la tête et plie le genou devant ton Dieu qui vient jusqu'à toi. Homme, en t'approchant de la crèche, accueille ton Dieu qui marche avec toi et qui t'accueille lui-même chez lui. Homme, n'oublie pas que le sens de ta vie prend sa source dans l'événement unique de la naissance de Jésus Sauveur et trouve son accomplissement dans l'Amour infini pleinement révélé lors du mystère pascal.

Oui, dans la foi chrétienne, « le point de départ, c'est l'Incarnation du Verbe. Ici, ce n'est plus seulement l'homme qui cherche Dieu, mais c'est Dieu qui vient en personne parler de lui-même à l'homme et lui montrer la voie qui lui permettra de l'atteindre. C'est ce que proclame le prologue de l'Évangile de Jean : "Nul n'a jamais vu Dieu ; le Fils unique, qui est tourné vers le sein du Père, lui l'a fait connaître" (1, 18). Le Verbe incarné est donc l'accomplissement de l'aspiration présente dans toutes les religions de l'humanité : cet accomplissement est l'œuvre de Dieu et il dépasse toute attente humaine. C'est un mystère de grâce », a pu écrire le Pape Jean-Paul II. Ce mystère de grâce donne toute son épaisseur à l'histoire, au temps.

En cette nuit très sainte, chers frères et sœurs bien-aimés, contemplons le visage humain de Dieu en nous inclinant humblement devant le petit enfant de la crèche. Alors que le monde d'aujourd'hui semble rejeter ses racines profondes et qu'il en meurt, laissons-nous toucher par la Bonne Nouvelle de la naissance de Jésus et avec les anges chantons : *« Gloire à Dieu au plus haut des cieux, et paix sur la terre aux hommes qu'il aime »*.

Épiphanie : Une manifestation !

Nous fêtons aujourd'hui l'épiphanie du Seigneur. Des mages venus d'orient arrivent à Jérusalem pour adorer *« le roi des Juifs qui vient de naître »*. Guidés par l'étoile, après une étape auprès d'Hérode, les mages arrivent à l'endroit où se trouvait l'enfant, ils entrent *« dans la maison, ils virent l'enfant avec Marie sa mère ; et, tombant à genoux, ils se prosternèrent devant lui. Ils ouvrirent leurs coffrets, et lui offrirent leurs présents : de l'or, de l'encens et de la myrrhe »* (Mt 2, 1-12). Le mot épiphanie veut dire manifestation. Dans le cadre de l'Écriture Sainte, il s'agit de la manifestation de Dieu. C'est pourquoi, le prophète Isaïe a pu dire :

« Debout, Jérusalem ! Resplendis : elle est venue, ta lumière, et la gloire du Seigneur s'est levée sur toi. (…) Sur toi se lève le Seigneur, et sa gloire brille sur toi » (Is 60, 1-6).

Dans le langage courant, le mot de manifestation fait penser aux mouvements sociaux, aux cortèges dans les rues avec des pancartes et des slogans. Mais a bien y réfléchir, ces événements peuvent nous aider à comprendre ce qu'est en réalité la fête de ce jour car, de fait, il y a une manifestation.

Le point de départ est un événement historique : l'entrée de Dieu dans le cours du temps. Il s'agit de la Nativité du Seigneur. Et, la nuit de Noël nous avons pu voir un premier cortège, celui des bergers qui sont venus adorer le Seigneur. Aujourd'hui, nous en voyons un deuxième qui converge vers le même point : le lieu où se trouve l'enfant Jésus et sa mère. Il y a véritablement là une manifestation. En effet, cet événement historique qu'est la naissance de Jésus nous engage à sortir de chez nous pour aller voir ce qui se passe en apportant ce que nous avons de plus précieux. Plus encore, cet événement nous engage à sortir de nous-mêmes pour aller déposer notre vie, ce que nous portons au fond de nous-mêmes au pied de l'enfant Jésus. Il s'agit d'un acte de foi, d'un acte de confiance, d'un acte d'amour.

Au travers des cadeaux qu'ils apportent, les mages viennent nous révéler la vérité sur la personne de Jésus : il est roi, il est Dieu, il vient nous donner sa vie pour que nous ayons la Vie nouvelle et éternelle. En d'autres termes, dès aujourd'hui, nous savons que ce petit enfant de la crèche est le rédempteur de l'homme qui deviendra un signe de contradiction et qui nous révèlera la plénitude exigeante de l'amour miséricordieux du Père. Il y a bien une manifestation avec un message à transmettre à tous comme un véritable cadeau !

Chers frères et sœurs, tout au long de l'histoire de l'Église, depuis maintenant un peu plus de deux mille ans, il y a toujours un cortège qui va jusqu'à la crèche et qui en revient par un autre chemin. Il s'agit de tous les membres de l'Église, de tous les saints, de tous les hommes et femmes de bonne volonté qui viennent, avec des motivations différentes, à la crèche de Bethléem. On arrive avec ce que l'on est et ce que l'on porte. On vient offrir à l'enfant ce que l'on a et ce que l'on vit. Ou, tout simplement, on vient parce qu'on est attiré par le mouvement de foule ou une personne qui nous invite à venir. Mais tous reçoivent le même message : Jésus est Dieu Sauveur fait homme ! Cette rencontre peut devenir une expérience qui transforme la vie et nous fait retourner chez nous par un autre chemin.

Oui, en ce jour de l'épiphanie, accueillons et regardons cette manifestation. Entendons ce qui nous est dit dans le message évangélique et dans les témoignages qui scintillent tout au long de l'histoire de l'Église. Et n'ayons pas peur ! N'ayons pas peur d'entrer dans le cortège même si cela nécessite de passer au-dessus du qu'en dira-t-on ! N'ayons pas peur de témoigner de notre expérience au monde, car *« Ce qui était depuis le commencement, ce que nous avons entendu, ce que nous avons contemplé de nos yeux, ce que nous avons vu et que nos mains ont touché, c'est le Verbe, la Parole de la vie »* (1Jn 1, 1).

Chers frères et sœurs bien-aimés, en ce jour, c'est chacun d'entre nous qui est appelé à entrer dans le cortège et à vivre de la manifestation du Sauveur au monde d'aujourd'hui. Pour cela, ainsi que le rappelait Benoît XVI la nuit de Noël 2009, il faut se réveiller, c'est-à-dire « développer sa sensibilité pour Dieu, pour les signes silencieux par lesquels il veut nous guider, pour les multiples indices de sa présence. (…) Dans toute âme est présente, de façon cachée ou ouverte, l'attente de Dieu, la capacité de le rencontrer. Pour obtenir cette vigilance, cet éveil à l'essentiel, nous voulons prier, pour nous-mêmes et pour les autres, pour ceux qui semblent être "privés d'oreille musicale" et chez qui, cependant, le désir que Dieu se manifeste est vif. (…) Le Seigneur lui-même est présent au milieu de nous. Seigneur, ouvre les yeux de nos cœurs, afin que nous devenions vigilants et voyants et qu'ainsi nous puissions aussi porter ta proximité aux autres. »

Suivez l'étoile… !

« *Où est le roi des Juifs qui vient de naître ? Nous avons vu se lever son étoile et nous sommes venus nous prosterner devant lui* ». Cette question des mages venus d'Orient nous invite à nous interroger nous-même.

En effet, elle met sous nos yeux deux attitudes essentielles de la vie chrétienne : chercher Dieu pour pouvoir l'adorer. Ces deux attitudes s'appellent mutuellement ! Oui, en allant toujours plus dans une compréhension du cœur de notre Foi au Christ Sauveur, nous entrerons d'une manière vraie et profonde dans une adoration authentique de Dieu qui se fait homme pour nous donner d'entrer dans sa Gloire ! Comme le rappelle le Pape Benoît XVI, en tant que disciple du Christ nous devons être « ferment de contemplation pour toute l'Église et rappel de la place centrale du Christ pour la vie des personnes et des communautés » (*Sacramentum Caritatis*, n° 67).

Alors, regardons l'attitude des mages pour découvrir où est Jésus afin de l'adorer.

Première étape, ils font une recherche scientifique. En effet, les mages ont scruté le ciel et voilà qu'un phénomène particulier vient d'arriver : une nouvelle étoile s'est levée. Heureux de cet événement, ils n'en restent pas là mais ils essayent de comprendre et certainement, ils ont cherché dans des livres pour découvrir que cette étoile était celle du chef d'Israël. Et en effet, le livre des Nombres dit ceci : « *Un astre issu de Jacob devient chef* » (24, 17). Ils se mettent alors en route et demandent à des experts, des témoins de les renseigner.

C'est la deuxième étape. Après la science, c'est la foi, la connaissance religieuse qui les aide à aller jusqu'à Jésus. Écoutons encore une fois : « *En apprenant cela, le roi Hérode fut pris d'inquiétude, et tout Jérusalem avec lui. Il réunit tous les chefs des prêtres et tous les scribes d'Israël, pour leur demander en quel lieu devait naître le Messie. Ils lui répondirent : "A Bethléem en Judée, car voici ce qui est écrit par le prophète : Et toi, Bethléem en Judée, tu n'es certes pas le dernier parmi les chefs-lieux de Judée ; car de toi sortira un chef, qui sera le berger d'Israël mon peuple".* » Le signe scientifiquement découvert porte un sens profond. La réalité visible conduit au mystère de l'invisible.

Chers frères et sœurs, les mages n'en sont pas restés à la découverte scientifique, ils veulent aller jusqu'au bout de leur recherche. Ainsi que l'a écrit le Pape Jean-Paul II : « La Foi et la Raison sont comme les deux ailes qui permettent à l'esprit humain de s'élever vers la contemplation de la vérité. C'est Dieu qui a mis au cœur de l'homme le désir de connaître la vérité et, au terme, de Le connaître lui-même afin que, Le connaissant et L'aimant, il puisse atteindre la pleine vérité sur lui-même » (*Fides et Ratio*, n° 1). C'est ce qu'ont vécu les mages, dans leur troisième étape, en allant se prosterner devant l'enfant de la crèche pour lui offrir leurs présents : de l'or, de l'encens, de la myrrhe.

Et nous ? Ne sommes-nous pas appelés à vivre la même chose dans notre vie chrétienne ? Mais n'est-ce pas aussi ce que vit tout homme ? « Un simple regard sur l'histoire ancienne montre d'ailleurs clairement qu'en diverses parties de la terre, marquées par des cultures différentes, naissent en même temps les questions de fond qui caractérisent le parcours de l'existence humaine : Qui suis-je ? D'où viens-je et où vais-je ? Pourquoi la présence du mal ? Qu'y aura-t-il après cette vie ? (…) Ces questions ont une source commune : la quête de sens qui depuis toujours est pressante dans le cœur de l'homme, car de la réponse à ces questions dépend l'orientation à donner à l'existence », écrit le Pape Jean-Paul II (*Fides et Ratio*, n° 1).

Nous ne pouvons être étrangers à ces questions fondamentales de tout homme. En effet, nous professons que le Christ est le Chemin, la Vérité et la Vie, et, de plus, comme les mages, nous cheminons avec et vers Lui. Nous le faisons en cherchant à approfondir la vérité de notre foi qui nous donne ainsi d'entrer dans une connaissance intérieure des mystères de Dieu. De plus, notre mission de fidèles du Christ est d'aider tout homme dans cette recherche et de l'aider à découvrir la réponse dans la personne même de Jésus qui se révèle à nous en son épiphanie. Venez, adorons-Le !

Chers frères et sœurs bien-aimés, en ce jour de l'Épiphanie du Seigneur, que l'Esprit Saint nous fasse la grâce d'accueillir cette révélation de Dieu, pour aider les hommes, nos frères, à en faire l'expérience chaque jour de leur vie.

Chapitre 2

Accueillir Jésus en son mystère Pascal

A la suite du Christ Serviteur

Jeudi Saint : Le Christ Serviteur lave les pieds de ses Apôtres

Par cette messe, voilà que nous entrons dans la célébration de ce grand Triduum Pascal. Nous sommes appelés à marcher à la suite du Seigneur afin de passer avec lui de la mort à la vie. Cette suite du Christ, nous conduit tout d'abord au Cénacle, dans la chambre haute. Nous y retrouvons Jésus avec ses apôtres en train de célébrer le mystère de la Pâque. Au cours de ce repas, le Seigneur se lève et pose un geste auquel il donne un sens particulier. Écoutons encore une fois l'explication que Jésus donne du lavement des pieds : *« C'est un exemple que je vous ai donné afin que vous fassiez, vous aussi, comme j'ai fait pour vous. »* Jésus se donne en exemple afin que nous puissions entrer dans une imitation du Christ en agissant comme lui vient de faire.

Mais alors, que fait Jésus ? Saint Jean est très précis. Jésus se lève de table, quitte son vêtement, prend un linge, met de l'eau dans un bassin et se met à laver les pieds de ses apôtres. Jésus fait ce geste alors qu'ils sont à table célébrant la Pâque, c'est-à-dire la libération de l'esclavage d'Égypte. En effet, Dieu est passé afin de conduire son Peuple vers la Terre Promise. Il y a donc une dimension liturgique dans le geste du Christ. C'est un geste qui devient célébration dans la libération de l'esclavage du péché pour conduire à la liberté des enfants de Dieu. De plus, Jésus agissant au cœur d'un repas montre qu'il quitte une situation particulière afin de se mettre au service de ceux qui l'accompagne et qu'il envoie ensuite agir comme lui, « afin que vous fassiez, vous aussi, comme j'ai fait pour vous ».

Qu'est-ce à dire pour nous aujourd'hui ? Jésus nous engage à quitter notre petit confort afin d'aller vers nos frères afin de nous mettre à leur service là où ils sont, et tels qu'ils sont. En ce faisant serviteur de l'homme, Jésus nous engage, chacun d'entre nous, à faire de même. C'est le service diaconal de l'Église. Le Pape Benoît XVI rappelle, tant dans sa première encyclique, *Deus Caritas est*, que dans sa dernière encyclique, *Caritas in veritate*, que l'homme en général et le pauvre en particulier doit être au cœur de l'économie, au cœur de nos préoccupations afin que nous puissions donner à l'homme d'être lui-même. Le service de la Charité est une réalité constitutive de notre foi au Christ serviteur, rédempteur de l'homme.

Oui, chers frères et sœurs, ce geste de Jésus de laver les pieds a donc un sens très profond et très important. En effet, par ce geste il prend dans ses mains le corps de ses disciples. Il nous révèle que le corps, lieu de l'expression de la personne, n'est pas à être considéré comme un instrument de laboratoire ou comme un lieu de pièces détachées pour autrui. Le corps est précieux. Toucher au corps c'est toucher à la personne. Alors soyons respectueux de notre corps et du corps des autres. D'ailleurs, dans ce geste, Jésus manifeste un profond respect pour le corps de ses apôtres. En effet, il le nettoie et ainsi il le rétablit dans sa noblesse, dans sa beauté. En d'autres termes, Jésus vient dire à ses apôtres et, par eux, à chacun d'entre nous : *« Lève-toi ! N'aies pas peur de livrer ce que tu es pour moi ! »*

N'est-ce pas ce qu'il fera lui-même quelques minutes après en prenant le pain, *« Ceci est mon corps livré pour vous »*, puis le vin, *« Ceci est mon sang versé pour vous »*. Là encore Jésus engage ses Apôtres à faire de même. En ce sens, il institue l'Eucharistie comme mémorial de l'offrande de lui-même pour la gloire de Dieu et le salut du monde. Mais, n'est-ce pas ce que font les prêtres et d'une certaine manière ce que nous faisons tous ? En effet, dans le célibat consacré, le prêtre dit avec Jésus : « C'est mon corps avec tout ce qu'il porte de sentiments, de puissance de vie, de force, etc., oui c'est mon corps et donc toute ma personne, livré pour vous ». Au jour de leur mariage, les époux se disent l'un à l'autre la même chose. Dans notre vie chrétienne, en ordonnant notre vie à l'Amour de Dieu et de nos frères, en éduquant notre corps et toutes les pulsions qui l'animent dans ce sens, nous disons chacun à la suite de Jésus : « C'est mon corps livré pour vous, c'est-à-dire donné pour un témoignage authentique de vie chrétienne afin qu'on ne me dise pas comme aux pharisiens "Ils disent et ne font pas" ! »

Chers frères et sœurs bien-aimés, Jésus se fait serviteur de ses Apôtres et donc de chacun d'entre nous. Son corps est livré pour nous et devient pain de la route jusqu'à ce que le Seigneur vienne. Mais comme réponse d'amour nous sommes appelés à faire comme le Seigneur, c'est-à-dire à livrer nous aussi notre corps afin que nous entrions dans une expérience de vie authentiquement chrétienne. Ainsi peu à peu, en nous faisant nous aussi serviteur à la suite du Christ, chacun suivant le charisme propre et la grâce qui nous est donnée pour notre mission particulière au cœur de l'Église, nous serons de vrais artisans de la construction de la communion ecclésiale, de l'Église Peuple de Dieu, Corps du Christ et Temple de l'Esprit Saint.

Vendredi Saint : Le Christ Serviteur souffrant

« C'étaient nos souffrances qu'il portait, nos douleurs dont il était chargé. Et nous, nous pensions qu'il était châtié, frappé par Dieu, humilié. Or, c'est à cause de nos fautes qu'il a été transpercé, c'est par nos péchés qu'il a été broyé », ainsi s'exprime le prophète Isaïe dans le chant du Serviteur que nous avons

entendu dans la première lecture. La passion selon saint Jean, que chaque année l'Église nous donne d'entendre en ce jour du Vendredi Saint, nous révèle jusqu'où le service conduit lorsqu'il est vécu comme un véritable don de soi. Dans le service, nous sommes conduits jusqu'à la croix.

Cette dimension du service peut éventuellement nous toucher, nous étonner, nous révolter ou même nous émerveiller. Dans l'histoire de l'Église nombreux sont les exemples connus ou inconnus qui nous montrent la vérité de cette dimension du serviteur qui porte sur lui la misère de l'autre l'aidant ainsi à se relever et à retrouver sa dignité d'homme. Oui, Jésus est vraiment le Serviteur du Seigneur et serviteur de l'homme car il a porté sur lui nos péchés, notre souffrance, et cela d'une manière réelle et concrète. L'Évangile est très précis sur ce fait !

En même temps, chers frères et sœurs, cette dimension du service du Seigneur peut nous interroger : « Comment se fait-il que Dieu puisse aller jusque là ? » Le Pape, dès le début de son encyclique Caritas in veritate, donne un élément de réponse très fort. Écoutons-le : « L'amour dans la vérité (*Caritas in veritate*), dont Jésus s'est fait le témoin dans sa vie terrestre et surtout par sa mort et sa résurrection, est la force dynamique essentielle du vrai développement de chaque personne et de l'humanité tout entière. L'amour – « caritas » – est une force extraordinaire qui pousse les personnes à s'engager avec courage et générosité dans le domaine de la justice et de la paix. C'est une force qui a son origine en Dieu, Amour éternel et Vérité absolue » (n° 1).

Oui, Dieu nous aime au point qu'il s'est fait pleinement le serviteur de la vérité et de l'amour. Par son incarnation et par toute sa vie, Dieu, en Jésus-Christ, se fait l'un de nous désirant partager les conséquences de la profondeur de notre misère et de notre péché, en se sentant lui-aussi abandonné de Dieu et implorant la soif de l'Amour. Lui, le juste, l'innocent, il a porté les fautes des coupables afin de leur donner la sentence de la miséricorde divine, rétablissant ainsi la paix dans les cœurs : *« Venez, les bénis de mon Père, recevez en héritage le Royaume préparé pour vous depuis la création du monde »*.

À la suite du Seigneur, nous sommes appelés à nous mettre au service de l'homme. Cela nous mènera à la croix, c'est certain. Mais, comme le disait le Saint Curé d'Ars : « La croix est l'échelle du Ciel ! » Alors, n'ayons pas peur d'être au service de la vérité et de l'amour de l'homme et de sa dignité inviolable depuis sa conception jusqu'à se mort naturelle. Osons être des artisans de la civilisation de la vie où l'homme ne se met pas à la place de Dieu et ne s'arroge pas le droit de vie ou de mort sur autrui.

Chers frères et sœurs bien-aimés, cela nous coûtera, c'est certain. Mais n'oublions jamais que le Christ est passé par la mort pour nous donner d'entrer dans la vie. Portons-nous les uns les autres dans un OUI qui soit authentique et vrai. *« Jésus, voyant sa mère, et près d'elle le disciple qu'il aimait, dit à sa mère : "Femme, voici ton fils." Puis il dit au disciple : "Voici ta mère." Et à partir de cette heure-là, le disciple la prit chez lui »*, nous dit l'évangile. Alors avec Marie, n'ayons pas peur d'avancer sur ce chemin escarpé mais libérateur des témoins de la vérité. Dans le cheminement de foi qui est le sien, Marie nous montre que rien n'est impossible à Dieu et que *« rien ne peut nous séparer de l'Amour de Dieu qui est en Jésus-Christ notre Seigneur »*. Soyons, pour le monde, les témoins de cette Espérance, dans le service de l'homme.

Vigile Pascale : Le Christ Serviteur de l'homme dans la liturgie

La célébration de la Vigile Pascale nous donne d'entrer dans une liturgie très déployée. Différentes étapes jalonnent cette célébration depuis le feu nouveau jusqu'à l'envoi. Nous sommes plongés au cœur du mystère de notre foi, car la liturgie de l'Église nous donne d'entrer dans l'acte de la Révélation et de la Rédemption afin de nous permettre d'accueillir la nouvelle création dans le Christ. En célébrant la mort et la résurrection de Jésus, nous sommes plongés dans la vie baptismale et donc dans la réalité de notre vie chrétienne. Enfin, il y a dans cette liturgie une ouverture vers la fin des temps, où Dieu sera tout en tous.

En d'autres termes, la liturgie nous donne d'entrer dans la réalité du Peuple Sacerdotal qui, avec confiance, se tourne vers son Seigneur afin de célébrer le mystère de son Amour pour l'humanité. Comme l'a plusieurs fois rappelé le saint Père, la liturgie est appelée à manifester l'unité de notre foi, son orthodoxie, sa catholicité.

Dans la liturgie, l'Église célèbre le Christ serviteur et rédempteur de l'homme. Dans la liturgie, le Christ se fait, par le ministère de l'Église, le serviteur de l'homme car il s'y révèle et il s'y donne. Vivre la réalité de la liturgie, non comme une auto-célébration de la communauté, mais comme étant la célébration de l'Amour de Dieu qui se donne, nous renvoie à une question profonde, non dans l'extériorité mais dans l'intériorité de notre vie chrétienne : comment nous attachons-nous à la vérité profonde de notre foi au Christ Rédempteur et Sauveur, au Christ mort et ressuscité ?

Chers frères et sœurs, notre attachement à la vie liturgique de l'Église, nous plonge dans le mystère de la rédemption car la résurrection est véritablement le fondement de toute la liturgie chrétienne. Pourquoi ? Je relève trois raisons fondamentales

➢ Parce que la résurrection est à la fois dans le temps et hors du temps. En effet, la résurrection est un événement historique qui nous est rapporté par l'Écriture et le témoignage des Apôtres. De plus, la résurrection est une réalité que nous vivons dans l'aujourd'hui de notre foi chrétienne. Il en va de même pour la liturgie. En effet, nous vivons la célébration liturgique dans l'histoire mais en même temps la liturgie nous plonge dans la réalité éternelle, dans le mystère de Dieu. Le plus bel exemple de cette double dimension liturgique, n'est-il pas le *sanctus* que allons chanter avec tous les saints et tous les anges ?

➢ Parce que la résurrection est un événement définitif de l'Alliance. L'alliance scellée dans le sang du Christ est nouvelle et éternelle. Or dans la célébration liturgique nous entrons dans cette célébration de l'alliance par laquelle Dieu entre d'une manière plénière dans l'histoire. La liturgie nous donne de célébrer et donc d'annoncer la plénitude de l'Amour Miséricordieux de Dieu pour nous.

➢ Parce que la résurrection s'est accomplie le premier jour de la semaine. Cela n'est pas anecdotique mais il y a une dimension théologique très importante. La résurrection du Seigneur est l'ouverture d'une nouvelle création. En effet, l'œuvre de la création blessée par le péché de l'homme est maintenant sauvée dans et par le Seigneur Jésus. Or, dans la liturgie, par les symboles et les signes, par les gestes et les paroles, il y a une reprise de toute la création. Dans la liturgie, comme dans la création, la matière est véritablement en jeu.

Chers frères et sœurs bien-aimés, qu'est-ce que cela veut dire pour nous ? Tout d'abord soyons vraiment participant à la célébration liturgique, non d'une manière occasionnelle ou superficielle, mais d'une manière résolue et profonde.

Participer à la liturgie, ce n'est pas lié à une raison d'Église, mais à une raison d'être et d'exister. Nous sommes chrétiens, disciples de Jésus-Christ, membres de son corps qui est l'Église. En participant à la célébration liturgique nous réalisons et grandissons dans cette réalité de ce que nous sommes. En effet, c'est par la célébration liturgique que nous entrons dans une vie avec le Christ, que nous vivons de la présence du Christ, que nous allons vers le Christ. Oui, dans la liturgie, toute notre vie est récapitulée dans le Christ ressuscité.

Alors, en ce jour où nous célébrons la résurrection du Sauveur, approfondissons la raison de notre participation à la liturgie que nous recevons de l'Église, comme nous recevons la vie qui nous est donnée dans la résurrection du Seigneur Jésus.

Dimanche de Pâques : Le Christ Ressuscité Serviteur de la joie définitive de l'homme

C'est une certitude, l'homme est fait pour le bonheur, il est fait pour la joie. D'ailleurs tout homme, au plus profond de son cœur désire le bonheur et entre dans une recherche du bonheur. Dans cet événement unique qui a bouleversé toute l'histoire de l'humanité, oui, dans cet événement de la résurrection du Seigneur, Dieu vient répondre cette aspiration profonde qui jaillit du cœur de l'homme et qui s'exprime ainsi dans les psaumes : « Qui nous fera voir le bonheur ? » Dans l'œuvre de la rédemption, c'est Dieu lui-même qui donne à l'homme la vraie joie à laquelle il est appelé. « Ce jour que fit le Seigneur est un jour de joie, Alléluia ! »

L'évangile, que nous venons d'entendre, nous montre comment Dieu répond à la recherche du bonheur inscrite dans le cœur des hommes. Le climat est assez paradoxal. Tout d'abord, il y a de l'incompréhension et peur. Regardons l'attitude de Marie Madeleine : « On a enlevé le Seigneur de son tombeau, et nous ne savons pas où on l'a mis » ; ou encore celle de l'apôtre Pierre lui-même : « Il entre dans le tombeau, et il regarde le linceul resté là, et le linge qui avait recouvert la tête, non pas posé avec le linceul, mais roulé à part à sa place », et puis c'est tout. En même temps, il y a toute une Espérance qui est là présente et que l'évangéliste exprime par la sobriété des mots : « Jusque-là, en effet, les disciples n'avaient pas vu que, d'après l'Écriture, il fallait que Jésus ressuscite d'entre les morts ».

Aujourd'hui encore, la recherche du bonheur nous fait aller dans tous les sens. On part à la recherche d'une parole qui ne soit pas réductrice mais qui ouvre d'une manière infinie l'intelligence et le cœur. En d'autres termes, le monde attend une parole, même s'il donne l'impression de ne pas en avoir besoin. Le monde attend LA PAROLE, même s'il sait qu'il lui faudra changer ses modes de vie en accueillant la vérité sur Dieu et donc sur lui-même. Mais, le monde nous fait peur et il est souvent agressif. Le monde est dans une tension entre le désir d'un bonheur infini qui dilate le cœur, et les chemins dévoyés si attirants mais qui mènent à se racornir et désespérer de l'avenir. Alors, oserons-nous aller face au monde témoigner de cette Espérance qui nous anime ? Oserons-nous témoigner du tombeau trouvé vide au matin de Pâques ? Oserons-nous annoncer la victoire de l'Amour sur la haine, de la Vie sur la mort, de la Vérité sur le mensonge ?

Oui, chers frères et sœurs, aujourd'hui encore, il n'est pas vain d'aller témoigner, car LA PAROLE est efficace ! Comment faire ? Et bien laissons-nous encore être interpelé par l'évangile de ce beau jour de Pâques. Nous allons trouver quatre étapes dans notre démarche missionnaire.

> ➢ Marie-Madeleine est angoissée : elle a perdu celui que son cœur aime. Elle le cherche et va trouver les apôtres pour leur demander des renseignements. La première étape est de bien connaître les angoisses de nos contemporains. Ces angoisses sont multiples tant au niveau de leur vie personnelle que de leur vie sociale. Alors, changeons de cœur afin d'écouter avec bienveillance les questions que se posent et que nous posent les hommes de notre temps.

> ➢ Nous voyons ensuite Pierre et l'autre disciple se rendre en toute hâte vers le tombeau. Ils veulent savoir. Ils veulent comprendre. En entendant l'angoisse de Marie Madeleine, ils se mettent en marche afin d'apporter une réponse. Il nous faut oser nous donner la peine de répondre, de prendre le temps d'expliquer, de témoigner par notre vie et nos paroles de la joie de la foi. Mais, pour cela, il nous faut prendre les moyens d'y arriver en cherchant à approfondir notre foi et nous donnant les moyens de la vivre toujours plus et toujours plus en profondeur.

> ➢ L'évangile nous montre que Pierre et le disciple qui l'accompagne n'arrivent pas en même temps. De plus l'un constate tout simplement et l'autre en voyant fait un acte de foi. Chacun a un cheminement qui lui est propre. Dans notre témoignage, soyons respectueux du cheminement propre à chacun. Osons accompagner nos frères sur la route qui est la leur et qui les mène jusqu'au Seigneur. Ne les lâchons pas !

> Enfin, arriver au tombeau vide, c'est faire l'expérience de la réalité du mystère de la résurrection. Cette dernière étape est celle de l'expérience de Dieu. N'hésitons pas à conduire nos contemporains jusqu'à cette expérience. Le meilleur moyen est de la vivre nous-mêmes !

Chers frères et sœurs bien-aimés, le Christ est ressuscité nous en sommes témoins. Par sa résurrection, il nous ouvre le chemin vers le bonheur plénier. Oui, par la résurrection de Jésus, nous sommes déjà entrés dans la joie du ciel. Alors, ce mystère du salut vient nous transformer de l'intérieur en nous donnant le bonheur. Et nous ne pouvons pas taire cette joie ! Le Seigneur nous envoie. Alors, soyons, chacun suivant son charisme, serviteurs de la joie de l'homme, de tout l'homme, de tous les hommes.

Le Christ nous révèle la plénitude de l'Amour de Dieu : un cheminement catéchuménal

Jeudi Saint : *« Faites cela en mémoire de moi »*

Le Triduum Pascal, qui s'ouvre devant nous, nous plonge au cœur de ce qui fait de nous des disciples du Christ. Il nous donne de goûter, de vivre pleinement l'identité chrétienne qui est la nôtre. En ce sens, il est comme la clé de voûte, l'aboutissement de tout notre cheminement catéchuménal de ce Carême. Alors entrons de tout notre cœur dans ces célébrations qui nous ouvrent à la plénitude de l'amour de Dieu pour nous, aujourd'hui.

En la célébration mémorial de la Sainte Cène du Seigneur, il nous est donné de prendre conscience que notre identité chrétienne s'enracine dans une mémoire. Oui, en tant que disciple du Christ, nous savons où se trouvent plantées nos racines : dans un événement qui a eu lieu il y a un peu plus de deux mille ans à Jérusalem. Et Jésus nous l'a dit, non seulement lors du lavement des pieds, mais également au moment de la célébration de l'Eucharistie : *« Faites cela en mémoire de moi ».*

Dieu nous engage à la mémoire. Il nous engage ainsi à prendre toujours plus conscience que nous ne nous recevons pas de nous-même mais que notre existence dépend d'autrui. Il y a une lignée, une filiation. De nos jours, il est un paradoxe frappant : de plus en plus de monde désire faire une généalogie afin de découvrir où sont leurs racines familiales et en même temps il y a un déni de la mémoire chrétienne de notre pays. Ne plus savoir où sont nos racines conduit inéluctablement à ne plus savoir qui on est et donc vers où aller ! Et alors, on désespère et la société se délite peu à peu !

Aujourd'hui, en ce Jeudi Saint, le Seigneur Jésus vient nous redonner l'Espérance en disant : *« Faites cela en mémoire de moi ! »* Il vient nous dire que notre vie prend ses racines en Dieu. Mais plus encore, il vient nous dire que nous avons du prix aux yeux de Dieu qui se fait serviteur de l'homme en se mettant à genoux devant lui, en lui donnant la nourriture et la boisson nécessaire pour le chemin de la vie, le chemin qui conduit à la Vie Nouvelle et Éternelle. Non seulement nos racines sont en Dieu mais en plus notre vie se joue dans une Alliance avec Dieu. *« Dieu a tant aimé le monde qu'il a donné son Fils unique : ainsi tout homme qui croit en lui ne périra pas, mais il obtiendra la vie éternelle »* (Jn 3, 16).

Chers frères et sœurs, l'homme, tout homme, ne peut vivre qu'en approfondissant ses propres racines et en approfondissant une relation vraie avec autrui, dans une altérité pleinement assumée en vue d'une alliance.

En ce Jeudi Saint, alors que nous sommes montés avec Jésus dans la chambre haute, accueillons cette mémoire qu'il nous laisse, qu'il nous donne et que nous célébrons lors de chaque Eucharistie. Mais nous ne sommes pas des nostalgiques qui jetons un regard en arrière tristes d'un passé révolu, ou de ne pas avoir vécu un événement lointain. La mémoire n'est pas une photographie ou une pierre morte qui nous permettent seulement de nous souvenir. Lorsque Jésus nous dit « *Faites cela en mémoire de moi* », il nous conduit à vivre pleinement sa présence dans le présent. Jésus est là présent au milieu de nous ! « *Ceci est mon Corps livré pour vous !* » « *Ceci est mon Sang versé pour vous et pour la multitude !* »

La Foi chrétienne ne nous fait pas évader du présent, mais elle nous renvoie à ce présent habité par l'Amour de Dieu. La Foi chrétienne nous conduit à lever les yeux vers la création en découvrant la présence de Dieu qui donne à l'homme ce dont il a besoin et qui lui fait confiance. La Foi chrétienne nous conduit à accueillir Dieu qui se fait l'un de nous et qui se révèle pleinement dans le visage du Christ, « *Qui m'a vu a vu le Père* ». Oui, Jésus est là présent et vient révéler à l'homme la plénitude de son mystère. Regarder le Christ, c'est découvrir le mystère du Père et entrer dans le mystère de l'homme dans ce qui fait le quotidien de nos vies. Oubliez la présence actuelle du Christ c'est inévitablement entrer dans une perte de sens qui conduira au non-respect du créé, de la nature, de l'homme.

Alors, chers frères et sœurs bien-aimés, aujourd'hui et chaque jour de nos vies, n'ayons pas peur de faire mémoire de la présence du Christ agissant dans le quotidien de nos vies ; n'ayons pas peur de célébrer d'une manière toujours plus profonde et plus vraie, dans le mémorial de l'Eucharistie, cette présence du Seigneur Rédempteur de l'homme ; n'ayons pas peur d'être des serviteurs de la présence du Seigneur en allant vers nos frères pour leur dire : « Lève-toi ! Le Seigneur a besoin de toi pour témoigner de la grandeur de l'Amour Miséricordieux de Dieu pour l'humanité ! » Ainsi nous redécouvrirons la beauté de notre identité chrétienne. Oui, Jésus nous dit aujourd'hui : « *Faites cela en mémoire de moi !* »

Vendredi Saint : « La croix demeure tandis que le monde tourne »

Après avoir entendu avec vous ce récit bouleversant de la Passion du Seigneur, me vient à l'esprit la devise des Chartreux : « Stat Crux, dum volvitur Orbis », « La Croix demeure tandis que le monde tourne ». Il y a dans la foi chrétienne une réalité qui est stable, inébranlable. C'est le fait historique de l'Incarnation qui va de l'Annonciation, la naissance de Jésus jusqu'à la Passion du Seigneur, sa mort sur la Croix, sa mise au tombeau. Mais restons dans l'Espérance car ce fait historique nous conduit à un autre : la résurrection de Jésus et son Ascension où il part nous préparer une place.

Notre adhésion au Christ passe par l'accueil de faits historiques stables, qui demeurent et dont nous faisons mémoire, ainsi que nous avons pu le voir hier dans la célébration de la Cène du Seigneur. C'est une des spécificités de la foi chrétienne due à l'Incarnation, c'est-à-dire au fait que Dieu entre dans l'histoire de l'humanité. Notre identité chrétienne s'appuie sur le roc de faits historiques fondateurs de notre humanité et du salut apporté par Dieu lui-même qui se fait l'un de nous. Certes, notre fidélité n'entraine pas le fait que nous allons nous figer dans le passé, mais nous ouvre à une réalité qui demeure et qui s'exprime par le nom de Dieu dans l'Exode : « JE SUIS ». D'ailleurs, ce nom, Jésus le reprendra plusieurs fois dans l'évangile. Citons simplement ce que le Seigneur a dit dans la chambre haute à ses disciples : « Je suis le chemin, la vérité, la vie ! »

« Lorsque j'aurai été élevé de Terre, j'attirerai à moi tous les hommes ! » En levant les yeux vers la Croix du Seigneur, nous pouvons contempler le drame de l'Amour de Dieu qui se révèle à nos yeux aujourd'hui. Cet Amour de Dieu demeure quoiqu'il arrive, quoi que nous ayons fait car « rien ne nous séparera de l'Amour de Dieu qui est en Jésus-Christ notre Seigneur » nous dit saint Paul.

Dans un monde où tout bouge tout le temps, dans un monde où on n'arrive pas à durer ou à s'appuyer sur des valeurs vraiment humaines puisque tout semble évoluer dans la vérité éthique, il est bon de lever les yeux vers la Croix du

Seigneur. Si elle nous révèle la plénitude de l'Amour de Dieu, elle vient aussi nous dire combien l'homme est précieux et cela pour tous les temps et tous les lieux. Il en découle que la Foi vient nous donner la valeur inoxydable de la force d'aimer mais aussi de la dignité de l'homme. En regardant la Croix, l'homme ne peut plus être considéré n'importa comment, et cela depuis sa conception jusqu'à sa mort naturelle. Car le Christ sur le bois de la Croix vient nous rappeler la haute dignité du corps humain qui est le temple de l'Esprit Saint et qui est le lieu de l'expression sublime de l'Amour.

Chers frères et sœurs, cette vérité que vient nous révéler la Croix du Seigneur demeure alors que le temps avance. Cette vérité que vient nous révéler la Croix du Seigneur est un roc inébranlable sur lequel nous pouvons bâtir notre vie. Oui, c'est sur cette vérité que vient nous révéler la Croix du Seigneur qu'est notre appui afin de permettre à l'homme contemporain de sortir d'un conformisme dans la pensée et dans son mode de vie.

Oui, accueillir la Croix du Christ dans notre vie, c'est accueillir le roc de notre identité chrétienne qui vient donner à l'homme toute la profondeur de sa dignité. Notre monde n'hésite pas à caricaturer et à ridiculiser dans un pseudo art ce qui demeure et donc ce qui permet à l'homme de savoir qui il est dans l'aujourd'hui de sa vie. Osons regarder l'histoire de l'humanité et notre histoire personnelle en contemplant le Christ crucifié, en nourrissant notre vie à l'eau et au sang qui jaillissent de son côté transpercé, en nous appuyant sur ce qui est sûr et qui demeure.

Chers frères et sœurs bien-aimés, notre identité chrétienne nous donne de faire mémoire d'un événement qui est un roc inébranlable afin d'éclairer notre personne et notre agir aujourd'hui. Oui, si nous pouvons dire avec saint Paul : « Le Christ m'aimé et s'est livré pour moi » qu'allons-nous répondre à cet amour infini ?

« Maître, où demeures-tu ? » - « Venez et voyez »

Samedi Saint : Serviteur de l'Espérance !

La Vigile Pascale est le sommet du cheminement catéchuménal que nous avons vécu tout au long du Carême. Elle va nous donner dans quelques instants de pouvoir proclamer l'Espérance qui nous anime en renouvelant les promesses de notre baptême. Mais avant cela, la Vigile Pascale nous donne de faire mémoire de l'Alliance au travers des textes de la Parole de Dieu que nous avons entendus. La Vigile Pascale nous donne de pouvoir nous appuyer sur le roc de l'annonce de la résurrection fait historique et élément fondateur de notre vie chrétienne, c'est-à-dire de notre vie avec le Christ. Cette annonce de la Résurrection nous montre combien nous pouvons bâtir notre vie sur le Christ.

Notre identité chrétienne s'appuie sur cette mémoire d'événements fondateurs de notre vie humaine et chrétienne. Mais en même temps, notre identité chrétienne se nourrit du fait de la présence actuelle de Dieu au milieu de nous. Et cela afin de nous permettre d'ouvrir nos cœurs à l'Espérance. Souvent le drame de la perte du sens de l'identité conduit au fait que nous ne savons pas où l'on va. D'ailleurs, la perte d'un être cher, les différentes catastrophes, ou encore les échecs éventuels de la vie… semblent pour nos contemporains être le signe de l'absence de Dieu. Combien de fois n'avons-nous pas entendu : « Si Dieu existait cela n'arriverait pas ! » ?

Et pourtant, nous le vivons dans ce Triduum Pascal, c'est au cœur d'une tragédie, que le Seigneur traverse dans la souffrance et dans l'épreuve, que nous est révélé le vrai visage de l'Amour Miséricordieux du Père. Il nous faut oser regarder cette tragédie, il nous faut oser célébrer cette tragédie comme nous le faisons à chaque messe, pour entendre Jésus nous dire : « Père pardonne-leur, ils ne savent ce qu'ils font ! » Oui, Jésus nous ouvre à l'Espérance. Cette Espérance qui nous fait dire que le monde peut changer alors qu'à vue humaine cela semble impossible. Bien souvent la violence que nous pouvons voir est due au fait que nous ne croyons plus en la force de l'Espérance puisque nous ne savons plus où nous allons !

Chers frères et sœurs, il ne s'agit pas d'être béat en disant tout va changer et donc attendons. Il s'agit d'oser, nous aussi, traverser la réalité de la vie en accueillant cette force d'Aimer et en nous mettant à son service. En tant que Disciples du Christ, nous devons être des témoins de l'Espérance car nous le croyons, nous le savons, Dieu nous appelle dans le Christ à être comme lui car nous le verrons tel qu'il est ! Oui, soyons des témoins de l'Espérance en montrant la vraie route du bonheur. Toute communauté chrétienne est appelée à être « le sanctuaire de Dieu dans le monde », pour reprendre une belle expression du Pape Benoît XVI. Que ce ne soit pas simplement notre église, ou nos églises qui soient « sanctuaire de Dieu », même si elles en sont des témoins dans la pierre associée au génie humain, mais chacun d'entre nous personnellement et communautairement est appelé à être véritablement « sanctuaire de Dieu ».

La grâce du baptême que nous avons reçue, et qu'Olivier va recevoir dans quelques instants, cette grâce du baptême fait de nous les Temples de Dieu, Père – Fils et Saint Esprit. Que cela ne soit pas simplement un pieux discours d'une réalité qui nous dépasse. Mais que cela devienne vraiment une expérience de vie, une expérience humaine, une expérience qui ouvre à l'Espérance. Le monde attend de nous que nous soyons non point racoleurs, mais que nous soyons pleinement chrétiens, heureux de notre identité chrétienne. Le monde attend des visages de ressuscités qui ont rencontré le Christ vivant et qui nous appelle. Le monde attend des hommes et des femmes remplis d'Espérance et qui en rendent compte afin de lui permettre de sortir du relativisme, du scepticisme, de la morosité ambiante.

Alors que nous allons professer notre foi, il nous est confié à chacun, suivant sa vocation propre, d'être porteur de cette identité chrétienne qui ouvre à l'Espérance. Qu'en ce jour, le Seigneur ressuscité nous fasse la grâce d'être porteur de l'Espérance dans la Charité fraternelle. Que nous puissions être des témoins de cette vérité de la foi chrétienne que nous professons avec conviction, et cela tant par la sainteté de nos vies que par la douceur et la force de nos paroles. Que nous sachions tous les jours de notre vie nous appuyer sur la grâce de notre baptême, chaque jour approfondie et renouvelée dans la prière, la célébration des sacrements, l'approfondissement de notre foi, la charité fraternelle.

Chers frères et sœurs bien-aimés, notre identité chrétienne, notre identité de fidèles du Christ, nous engage à prendre au sérieux la mission qui nous est confiée en étant des témoins du bonheur, de la charité, de la liberté, du respect, de la fidélité qui jaillissent du Christ ressuscité. Que la Vierge Marie, premier disciple de Jésus, nous accompagne tout au long de ce chemin pascal qui est une route avec Jésus, qui est une route nous conduisant à l'Espérance, qui est une route de témoignage.

Dimanche de Pâques : « Je suis avec vous ! »

D'où est-ce que je viens ? Qu'est-ce qui demeure ? Où est-ce que je vais ? Ces questions sont celles de tout homme, ou de toute société, cherchant à définir sa propre identité. Un simple regard sur le monde nous donne de prendre rapidement conscience que la réponse à chacune de ces questions n'est pas aisée. Il en découle des revendications individualistes conduisant à une forme de dissolution de la cohésion sociale. Face à cela, la foi chrétienne forte de ses 2000 ans de réflexion doit répondre en transmettant la Bonne Nouvelle de l'Évangile d'une manière audible et crédible pour l'homme d'aujourd'hui. Le Christ est ressuscité, il est vivant et il vient dire à l'homme d'aujourd'hui d'une manière définitive d'où il vient ; qui il est ; vers où il est appelé à aller.

Tout au long du Triduum Pascal, nous avons pu déployer, cheminer en découvrant ce qui fait notre identité chrétienne. Les trois étapes du Jeudi Saint, du Vendredi Saint, de la Vigile Pascale, nous ont permis de répondre à ces trois questions essentielles. Mais à chaque fois, nous avons pu découvrir chacune des réponses comme étant un rayon de cette vérité essentielle rapportée par l'évangile de saint Jean : « Dieu a tant aimé le monde qu'il a donné son Fils unique : ainsi tout homme qui croit en lui ne périra pas, mais il obtiendra la vie éternelle » (Jn 3,

16). Oui, nous avons pu découvrir l'importance de la mémoire de cet Amour de Dieu célébrée et rendue présent dans l'Eucharistie. Alors que le monde avance et qu'il semble que rien ne soit stable, que tout change conduisant l'homme dans la tourmente de crises diverses et variées, que nous nous arrêtons à nos misères, quel réconfort d'ouvrir notre cœur au fait que l'Amour de Dieu nous est pleinement révélé dans un événement historique qui demeure d'une manière inébranlable. Enfin, nous ne pouvons être que dans l'action de grâce car le projet de l'Amour de Dieu est de nous donner la vie éternelle en nous plongeant dans la mort et la résurrection de Jésus.

Chers frères et sœurs, en ce Saint Jour de Pâques, il nous faut maintenant revenir au centre, c'est-à-dire au cœur de notre vie chrétienne, de notre identité chrétienne. Et ce cœur, c'est le Christ Jésus lui-même ! Oui, il nous faut repartir du Seigneur Jésus ressuscité qui nous dit : « Et moi, je suis avec vous tous les jours jusqu'à la fin du monde ! » Cette certitude de la présence de Jésus anime la vie de l'église depuis 2000 ans et doit nous animer encore aujourd'hui. Nous devons y puiser un élan nouveau pour notre vie chrétienne. Nous devons en faire la force inspiratrice de notre mise en marche tout au long de notre vie chrétienne. Nous devons oser lever les yeux vers le Ressuscité qui est là présent et lui dire avec confiance : « Que dois-je faire ? Que devons-nous faire ? »

Certes, il ne faut pas minimiser les problèmes actuels, les crises que nous pouvons traverser, ou les nombreux défis que nous avons à relever. Il n'y a pas de formule magique qui va tout résoudre. Il n'y a pas d'incantation possible, qu'elle soit politique ou religieuse. Ce qui nous sauvera c'est une Personne qui entre dans l'obéissance au Père par Amour pour l'humanité. Cette Personne c'est le Seigneur Ressuscité qui nous dit avec force : *« Je suis avec vous ! »*

Les bancs vides de nos assemblées nous désolent, et à juste titre ! Pourquoi sont-ils vides ? Peut-être parce que nous avons oublié ce que nous dit le Seigneur Ressuscité : *« Et moi, je suis avec vous tous les jours jusqu'à la fin du monde ! »* Je suis persuadé que si nous avions la certitude de cette présence, nous chercherions à nous en nourrir et, miséricordieusement, nous serions de vrais témoins de cette présence du Seigneur. Alors avançons dans la confiance et dans l'amour car le Seigneur est avec nous !

Notre adhésion au Christ nous donne ce qu'on pourrait appeler le programme de notre vie. Il nous faut le connaître, l'aimer, l'imiter, pour vivre en lui la vie trinitaire et pour transformer avec lui l'histoire de l'humanité. Cela peut sembler fou, irréaliste, impossible. Oui, c'est vrai, pour l'homme c'est impossible mais pas pour Dieu car rien n'est impossible à Dieu. Jésus désire que nous venions à Lui. Jésus désire que tout homme puisse le connaître et l'aimer. Jésus désire que nous participions avec lui au changement du monde afin que celui-ci soit à la hauteur de l'homme dans toutes ses dimensions. Et nous ? Le désirons-nous ? Souvent la peur nous bloque dans la réponse. C'est pourquoi, il nous est nécessaire de descendre au fond de nous-même pour redécouvrir ce centre qu'est le roc inébranlable de la présence de Jésus.

Chers frères et sœurs bien-aimés, le Christ est ressuscité, il est vivant au milieu de nous et il désire nous faire participer, ainsi que tout homme, à sa Gloire auprès du Père. En nous appuyant sur cette certitude de la présence constante du Seigneur, soyons, par notre vie et nos paroles, les serviteurs de cette Bonne Nouvelle pour les hommes d'aujourd'hui.

Faire l'expérience de l'Amour de Dieu jusqu'à l'extrême !

Jeudi Saint : Paradoxe de l'Amour… !

« Avant la fête de la Pâque, sachant que l'heure était venue pour lui de passer de ce monde à son Père, Jésus, ayant aimé les siens qui étaient dans le monde, les aima jusqu'au bout ». C'est de cette manière très solennelle que commence l'entrée dans l'heure de Jésus. Cette heure est la manifestation de l'Amour jusqu'à l'extrême. Oui, Jésus nous aime jusque-là, jusqu'au bout, jusqu'à

l'extrême. « *Ma vie nul ne la prend, mais c'est moi qui la donne* ». Et, chacun d'entre nous, nous sommes appelés à entrer dans cette heure afin d'accueillir et de vivre de cet amour de Jésus.

Au Cénacle, comment Jésus va-t-il manifester cet amour ? Deux événements essentiels : le lavement des pieds et le don de l'Eucharistie. Ces deux événements sont unis ensemble par ces mots de Jésus : « *C'est un exemple que je vous ai donné afin que vous fassiez, vous aussi, comme j'ai fait pour vous* ». « *Faites cela en mémoire de moi* », dit le Seigneur. Il y a donc un lien intime entre ces deux gestes qu'accomplit le Seigneur.

Dans le lavement des pieds, Jésus se met à genoux et prend dans ses mains le corps de ses disciples. Il se met à leur service pour les envoyer en mission. Certes, ils ne comprennent pas tout, et d'ailleurs Pierre en est un merveilleux exemple, mais ils sont généreux et ils accueillent dans la confiance ce que fait Jésus. Dans l'Eucharistie, Jésus met son corps entre nos mains. Le Seigneur nous invite ainsi à nous mettre à son service pour qu'il puisse accomplir sa mission de salut non seulement en nous mais également par nous dans le monde. Il est certain que nous ne saisissons pas tout dans la réalité mystérieuse de l'Eucharistie, mais généreusement accueillons le Seigneur d'une manière à chaque fois renouvelée, « pour la Gloire de Dieu et le Salut du monde ».

Chers frères et sœurs, quels sentiments peuvent nous animer aujourd'hui ? Quelle expérience de foi pouvons-nous faire ?

Tout d'abord, à la suite du psalmiste, soyons dans la joie et l'action de grâce. « *Comment rendrai-je au Seigneur tout le bien qu'il m'a fait ? J'élèverai la coupe du salut, j'invoquerai le nom du Seigneur* ». En effet, Jésus nous témoigne sa confiance et son amour en nous prenant en main et en nous donnant son corps livré pour nous. C'est le don de la communion avec lui et les uns avec les autres. Nous ne pourrons répondre pleinement à ce don que par le don de nous-même, de notre temps, de notre prière. Alors, en accueillant ce don de Jésus, soyons dans la joie et l'action de grâce car nous sommes appelés à faire l'expérience d'une communion intime et profonde avec Jésus. *« Je t'offrirai le sacrifice d'action de grâce, j'invoquerai le nom du Seigneur ».*

Mais il y a aussi une certaine gravité dans cet événement du cénacle. C'est la gravité de la vérité pleinement révélée. Oui, au Cénacle, Jésus introduit ses apôtres dans la profondeur de la vérité. Et cette vérité, c'est lui-même, Jésus. Et cette vérité rend libre. Et cette vérité accueillie et célébrée conduit à la communion des hommes entre eux et avec Dieu. Cette vérité est célébrée dans l'Eucharistie que Jésus confie à ses Apôtres pour qu'ils la transmettent comme d'authentiques serviteurs. *« Moi, Paul, je vous ai transmis ce que j'ai reçu de la tradition qui vient du Seigneur »*. *« Faites cela en mémoire de moi »*, dit le Seigneur.

Nous pouvons voir enfin dans le Cénacle le lieu où Jésus confie à ses Apôtres une mission particulière, que nous sommes appelés à continuer encore aujourd'hui. Par le don de l'Eucharistie, Jésus veut constituer un corps, l'Église, dont le service dans l'amour sera la règle de vie pour tous. Et par cette communion nous serons missionnaires dans un monde qui en a tant besoin : *« Ce qui montrera à tous les hommes que vous êtes mes disciples, c'est l'amour que vous aurez les uns pour les autres »* (Jn 13,35). Oui, si le pain de vie est partagé, si la Parole de Dieu circule entre tous, si le témoignage de la charité chrétienne est rendu dans la joie, si le pardon des offenses est pratiqué… alors la communauté devient un signe évangélique planté au cœur de notre monde qui meurt.

Chers frères et sœurs bien-aimés, faisons aujourd'hui l'expérience de foi de cette présence de Jésus serviteur qui se met entre nos mains pour que nous puissions porter au monde la Parole de Vie, pour que nous puissions nourrir le monde du Pain de Vie, pour que nous puissions donner au monde le Christ source de la Vie.

Vendredi Saint : L'Agneau innocent est immolé !

Tous ces textes que nous venons d'entendre sont vraiment bouleversants. Quel déchainement de violence sur l'Agneau innocent, le Serviteur du Seigneur, le Christ rédempteur. On a comme cette sensation que toute la violence humaine se focalise sur la Personne du Christ. Violence verbale, violence physique, violence due aux mensonges, oui toute cette violence humaine que nous voyons encore aujourd'hui est récapitulée dans la chair du Christ. D'ailleurs, le prophète Isaïe l'avait annoncé, nous venons de l'entendre : « *Pourtant, c'étaient nos souffrances qu'il portait, nos douleurs dont il était chargé* ».

Or cette souffrance infligée au Christ dure encore aujourd'hui. Elle se manifeste par le péché de l'homme, donc notre propre péché, mais également par le péché contre l'homme. « *C'est à cause de nos fautes qu'il a été transpercé, c'est par nos péchés qu'il a été broyé* », avait annoncé Isaïe. Cette souffrance qui s'abat sur le Seigneur se manifeste aussi à l'endroit de l'Église qui est son corps. Osons regarder la manière dont à travers les siècles et encore maintenant, l'Église endure les calomnies et les crachats, les moqueries et l'incompréhension, les dérisions et les caricatures. Tout cela touche le visage du Christ, le Corps du Christ. Mais, Jésus est également torturé à travers les membres eux-mêmes de l'Église. Pensons simplement à tous nos frères chrétiens qui sont martyrisés à travers le monde et tout particulièrement au Moyen Orient.

En voyant tout cela, on pourrait baisser les bras et désespérer. Jésus a certainement vécu cela. Il est allé jusqu'au bout, jusqu'à l'extrême. Seul sur la croix, homme des douleurs, Jésus est abandonné de tous. Non seulement il a souffert pour les autres, mais il a également souffert par les autres. Mais Jésus est resté fidèle au Père et par son sacrifice, il nous apporte la paix. « *Broyé par la souffrance, il a plu au Seigneur. Mais, s'il fait de sa vie un sacrifice d'expiation, il verra sa descendance, il prolongera ses jours : par lui s'accomplira la volonté du Seigneur* ».

« Maître, où demeures-tu ? » - « Venez et voyez »

Chers frères et sœurs, au milieu de toute cette souffrance, il y a un cri déchirant du Seigneur en croix : *« J'ai soif ! »* Ce cri est compréhensible alors que Jésus est agonisant. Ce cri est physiquement légitime après tout ce qu'il venait d'enduré. Mais ce cri est aussi celui d'un cœur qui aime et qui appelle une réponse d'amour. Quelle est-elle cette réponse ? *« Il y avait là un récipient plein d'une boisson vinaigrée. On fixa donc une éponge remplie de ce vinaigre à une branche d'hysope, et on l'approcha de sa bouche »*. « Voici ce Cœur qui a tant aimé les hommes qu'il n'a rien épargné jusqu'à s'épuiser et se consumer pour leur témoigner son amour. Et pour reconnaissance, je ne reçois de la plupart que des ingratitudes, par leurs irrévérences et leurs sacrilèges, et par les froideurs et les mépris qu'ils ont pour moi dans ce sacrement d'amour », dira Jésus à sainte Marguerite Marie.

Mais ce cri de Jésus en croix est aussi celui de l'humanité entière qui se déshumanise dans et par la violence. Oui, l'homme a soif d'amour, il a soif d'aimer et d'être aimé. Ne sachant comment faire, souvent il part vers de fausses compensations qui souvent se terminent dans la violence. L'homme attend d'une manière souvent bien inconsciente que nous lui apportions la réponse d'amour du Seigneur.

Alors, chers frères et sœurs bien-aimés, que faire ? Que dire ? *« En toi, Seigneur, j'ai mon refuge ; garde-moi d'être humilié pour toujours. En tes mains je remets mon esprit ; tu me rachètes, Seigneur, Dieu de vérité »*, chante le psalmiste. Oui, aujourd'hui, alors que nous nous approchons de la croix du Sauveur, enracinons-nous toujours plus profondément dans la foi. Osons nous donner à Jésus comme il se donne au Père pour nous. Car le Seigneur fait jaillir de ses plaies la grâce qui transforme toutes blessures en sources de paix et de vie.

Vigile Pascale : Une Lumière dans les ténèbres !

Au milieu de la nuit, un feu illumine. Dans notre église qui était dans le noir, des petits cierges ont éclairé l'ensemble de l'abbatial alors que nous marchions à la suite du Cierge Pascal. Par trois fois, nous nous sommes arrêtés : « Lumière du Christ » « Nous rendons grâce à Dieu ». Une fois arrivés dans le chœur nous avons alors entendu l'annonce joyeuse de la résurrection du Sauveur avant de faire mémoire de l'histoire de l'Alliance. Qu'est-ce que cela veut dire ?

Au milieu des ténèbres de la violence et du péché, se lève la flamme de l'Amour qui nous libère, nous transfigure et remplit notre vie. Alors nous pouvons entendre que le Seigneur est vraiment ressuscité que la vie est plus forte que la mort. Nous sommes ouverts à l'Espérance qui s'enracine dans l'accomplissement du dessein de Dieu. Oui, par Amour, Dieu veut faire alliance avec l'humanité afin de l'introduire dans son intimité. Et malgré les errements du Peuple, Dieu accomplit son dessein d'amour : réordonner la création à l'homme et réordonner l'homme à Dieu. Ce dessein de Dieu, l'Église en est dépositaire et nous célébrons en ces jours son accomplissement. Laissons-nous saisir, nous ne serons pas déçus.

D'ailleurs, lorsque nous sommes entrés, nous avons marché à la suite du Cierge Pascal lumière du Christ ressuscité. En d'autres termes, nous avons manifesté notre désir de mettre vraiment le Seigneur dans notre vie. Et il se trouve que dans quelques instants nous allons renouveler les promesses de notre baptême au nom du Père et du Fils et du Saint Esprit. Et « Professer la foi dans la Trinité – Père, Fils et Saint-Esprit – équivaut à croire en un seul Dieu qui est Amour (cf. 1 Jn 4, 8) : le Père, qui dans la plénitude des temps a envoyé son Fils pour notre salut ; Jésus-Christ, qui dans le mystère de sa mort et de sa résurrection a racheté le monde ; le Saint-Esprit, qui conduit l'Église à travers les siècles dans l'attente du retour glorieux du Seigneur », écrit le Pape Benoît XVI. En cette nuit très sainte, n'ayez pas peur de redécouvrir le chemin de la foi afin de mettre toujours plus en lumière dans votre vie la joie de croire, la joie de la rencontre personnelle et communautaire avec le Seigneur ressuscité.

« Maître, où demeures-tu ? » - « Venez et voyez »

Chers frères et sœurs, Jésus vient faire toute chose nouvelle. Par trois fois, en entrant dans notre église, nous l'avons acclamé car il est la lumière qui vient éclairer les nations. Au seuil de l'église nous avons reconnu que son incarnation nous donnait d'entrer dans une connaissance du mystère d'Amour du Père. Oui, *« Dieu a tant aimé le monde qu'il a donné son Fils unique : ainsi tout homme qui croit en lui ne périra pas, mais il obtiendra la vie éternelle »* (Jn 3, 16). Dans la deuxième acclamation, au cœur de l'église, nous avons pris conscience que dans sa résurrection, Jésus nous ouvre les portes de la vie éternelle. En effet, *« De même que le serpent de bronze fut élevé par Moïse dans le désert, ainsi faut-il que le Fils de l'homme soit élevé, afin que tout homme qui croit obtienne par lui la vie éternelle »* (Jn 3, 14-15). Enfin, dans une troisième acclamation à l'entrée du sanctuaire de l'église, nous avons reconnu que cette lumière de Jésus ressuscité nous donne l'Espérance d'entrer dans la Gloire auprès du Père puisqu'il est venu nous sauver. *« Car Dieu a envoyé son Fils dans le monde, non pas pour juger le monde, mais pour que, par lui, le monde soit sauvé »* (Jn 3, 17).

Mais remarquons aussi que ce cheminement à la lumière du cierge pascal est le signe du pèlerinage de Jésus avec nous tout au long de notre vie. Comme avec les disciples d'Emmaüs, Jésus marche avec nous et nous ouvre peu à peu l'esprit à l'intelligence des Écritures. La première acclamation nous rappelle la lumière de Jésus qui vient nous illuminer au moment de notre baptême. La deuxième nous montre que la lumière de Jésus est là présente au milieu de notre vie, particulièrement par sa Parole et son Corps. La troisième est celle de l'Espérance, car la lumière de Jésus ressuscité vient éclairer notre ultime passage vers la Gloire du Père.

Alors, chères frères et sœurs bien-aimés, accueillons l'appel du Seigneur et vivons sa Pâque de tout notre cœur afin d'en être les témoins dans le monde d'aujourd'hui. « Par son amour, Jésus-Christ attire à lui les hommes de toutes générations : en tous temps il convoque l'Église lui confiant l'annonce de l'Évangile, avec un mandat qui est toujours nouveau », écrit encore le Saint Père.

Que la Vierge Marie, elle qui est bienheureuse parce qu'elle a cru, nous accompagne dans cette expérience de foi du Christ ressuscité.

Dimanche de Pâques : Obéissance de la Foi !

Tout au long de ces jours saints, nous avons suivi Jésus dans l'obéissance à la volonté du Père. Eventuellement, nous n'avons pas tout compris devant cet échec apparent de la croix où Jésus reste seul ! Certainement, nous avons été touchés car c'est pour vous, pour moi, que le Seigneur, Dieu fait homme, a accepté l'inimaginable. Mais Jésus est entré dans la volonté du Père pour réveiller l'homme à la vraie volonté du Père, à sa parole toujours valable. « La vraie obéissance lui tenait justement à cœur, contre l'arbitraire de l'homme. Et n'oublions pas : il était le Fils, avec l'autorité et la responsabilité singulières de révéler l'authentique volonté de Dieu, pour ouvrir ainsi la route de la parole de Dieu vers le monde des gentils. Et enfin : il a concrétisé son envoi par sa propre obéissance et son humilité jusqu'à la Croix, rendant ainsi sa mission crédible. Non pas la mienne, mais ta volonté : c'est la parole qui révèle le Fils, son humilité et en même temps sa divinité, et qui nous indique la route », a dit le Saint Père jeudi dernier lors de la Messe Chrismale.

En entrant dans la volonté du Père, Jésus nous révèle que d'un échec apparent vécu dans l'abandon et la confiance, la Croix, Dieu ouvre le chemin de la victoire de la résurrection.

Il en va de même dans notre vie. Lors de la Vigile Pascale, nous avons renouvelé les promesses de notre baptême. Par ce geste, nous avons manifesté notre désir d'entrer par l'obéissance de la foi dans la volonté du Père qui veut faire de nous des saints. Ainsi que le dit saint Paul : « *Frères, vous êtes ressuscités avec le Christ. Recherchez donc les réalités d'en haut : c'est là qu'est le Christ, assis à la droite de Dieu. Tendez vers les réalités d'en haut, et non pas vers celles de la terre* ». Parfois le chemin est difficile, il est rude et on peut alors avoir le désir de se dire : « Ce n'est pas pour moi ! ». Le Seigneur le sait bien. C'est pourquoi il met sur notre route des témoins de la foi qui ont cheminé avant nous et nous montre comment nous pouvons vivre un renouvellement intérieur pour pouvoir vivre pleinement et dire avec tout notre cœur que le Seigneur est ressuscité, qu'il est vivant pour toujours et qu'il nous appelle à vivre de sa vie.

Chers frères et sœurs, laissons-nous être interrogés : est-ce que cela a été plus facile pour les disciples au jour de Pâques ? Il semble que non. En effet, regardons ce que nous dit l'évangile de ce jour, deux disciples partent en courant vers le tombeau que Marie Madeleine avait découvert vide. Face à cela, il y a un constat puis ensuite un acte de foi. Et l'évangéliste de conclure : *« Jusque-là, en effet, les disciples n'avaient pas vu que, d'après l'Écriture, il fallait que Jésus ressuscite d'entre les morts ».* Et Jésus viendra affirmer leur acte de foi. Et leur vie en fut transformée, pleinement réformée. Et ils purent aller annoncer cette Bonne Nouvelle aux autres. Et, dans cette grande lignée de témoins, nous sommes là aujourd'hui pour célébrer et annoncer la résurrection du Seigneur.

En nous portant les uns les autres, en nous laissant aider par le force de l'Esprit Saint, avançons nous aussi sur ce chemin tracé par les apôtres qui s'enracine dans la route ouverte par le Seigneur Jésus lui-même. C'est le chemin de l'obéissance de la foi qui nous conduit à la sainteté.

Comment ? En nous donnant les moyens de vivre une rencontre personnelle avec le Seigneur ressuscité. En nous laissant enseigner par l'Église notre mère car notre intelligence et notre cœur doivent être touchés par le Parole de Dieu. Il en découlera alors que nous vivrons toujours plus du Christ et de sa Parole, et nous pourrons en témoigner en vérité parce que nous le vivrons. Ainsi qu'a pu le dire le Pape Paul VI : « L'homme contemporain écoute plus volontiers les témoins que les maîtres ou s'il écoute les maîtres, c'est parce qu'ils sont des témoins », et il continue en affirmant : « C'est donc par sa conduite, par sa vie, que l'Eglise évangélisera tout d'abord le monde, c'est-à-dire par son témoignage vécu de fidélité au Seigneur Jésus, de pauvreté et détachement, de liberté face aux pouvoirs de ce monde, en un mot, de sainteté ». (*Evangelium Nuntiandi*, n° 41)

Chers frères et sœurs bien-aimés, en ce jour de Pâques où nous célébrons la résurrection du Christ Jésus, faisons nôtre ces mots de Paul VI. Puisons dans la grâce de notre baptême afin que cette expérience de foi que nous faisons aujourd'hui vienne illuminer de la joie la route de l'Église et par elle, par chacun d'entre nous, que le Christ ressuscité illumine le monde. Oui, pour faire jaillir des fleuves frais de vie, pour « une nouvelle fécondité il est nécessaire d'être remplis de la joie de la foi ; sont aussi nécessaires la radicalité de l'obéissance, la dynamique de l'espérance et la force de l'amour » (Benoît XVI). Que la Vierge Marie, Mère du Christ et notre Mère nous accompagne sur cette route de la foi.

Chapitre 3

En accueillant Jésus qui nous ouvre le chemin vers le Père

Ascension : Les deux pieds sur Terre mais la tête dans le Ciel

Nous voilà quarante jours après Pâques. Le nombre quarante n'est pas anodin car, dans l'Écriture Sainte, il signifie généralement un temps de préparation à un événement. Ainsi le Peuple est resté quarante ans dans le désert afin de se purifier et de se préparer à entrer dans la Terre Promise. Jésus, lui-même, a passé quarante jours au désert afin de se préparer à la mission qui est la sienne d'annoncer la Miséricorde du Père. L'Église a repris ces quarante jours dans le temps du Carême pour aider le Peuple de Dieu a se préparer à célébrer la solennité pascale avec un cœur purifié.

Aujourd'hui, nous célébrons une nouvelle étape dans le mystère du salut : Jésus retourne vers le Père et il s'assoie à la droite du Père. Pendant quarante jours, il a préparé ses disciples à ne plus le voir avec leurs yeux de chair mais avec les yeux de la foi. L'Église, Mère et Maîtresse de vie, a fait de même avec chacun de ses membres. Le temps pascal nous a donné de pouvoir considérer plus en profondeur cette présence réelle de Jésus au milieu de nous. *« Et moi, je suis avec vous tous les jours jusqu'à la fin du monde »*.

Aussi, le mystère de l'Ascension est comme un pont entre le Ciel et la Terre. Jésus part nous préparer une place et nous a promis de revenir nous prendre pour que nous soyons avec lui, mais en même temps Jésus est là présent au milieu de nous. Comme on le dit parfois : nous avançons les deux pieds sur Terre et la tête dans le Ciel. On peut dire autrement : dans le mystère de l'Ascension nous sommes appelés à lever les yeux vers le Ciel, les disciples *« le virent s'élever et disparaître à leurs yeux dans une nuée »*, ce qui nous engage à approfondir notre foi à l'accueil du mystère de Dieu, *« Jésus, qui a été enlevé du milieu de vous, reviendra de la même manière que vous l'avez vu s'en aller vers le ciel »* disent les deux hommes vêtus de blanc aux disciples qui regardent, ce qui nous ouvre à l'avenir dont nous sommes également responsables :

> *« Allez donc ! De toutes les nations faites des disciples, baptisez-les au nom du Père, et du Fils, et du Saint-Esprit ; et apprenez-leur à garder tous les commandements que je vous ai donnés »*.

Chers frères et sœurs, notre foi chrétienne nous invite à un engagement toujours plus important dans le monde afin d'apporter aux hommes la plénitude du sens de la vie en leur annonçant Jésus-Christ. En effet, nous l'avons entendu dans l'évangile mais également dans le récit de l'Ascension rapporté par les Actes des Apôtres : *« Vous allez recevoir une force, celle du Saint-Esprit, qui viendra sur vous. Alors vous serez mes témoins à Jérusalem, dans toute la Judée et la Samarie, et jusqu'aux extrémités de la terre »*. L'Ascension nous ouvre au mandat missionnaire. L'Ascension nous engage à relever le défi de la mission non seulement en étant à l'écoute des hommes de notre temps, mais également en étant des témoins de l'Espérance qui nous anime. L'Ascension nous fait entrer dans la réalité de l'universalité du salut : *« De toutes les nations faites des disciples »*. Accueillir cela c'est être vraiment catholique.

Il y a un paradoxe qui est présent dans le mystère de l'Ascension. En effet, spontanément on pense que l'Ascension donne à penser que Jésus n'est plus avec nous. D'ailleurs, le livre des Actes des Apôtres dit en quelque sorte cela lorsqu'il présente la montée de Jésus au Ciel : « *ils le virent s'élever et disparaître à leurs yeux dans une nuée* ». Et pourtant, juste avant, Jésus a promis d'être là avec les disciples, de leur donner la force de l'Esprit Saint afin qu'ils puissent être d'authentiques témoins de la Miséricorde du Père pleinement révélée dans le mystère Pascal de Jésus.

Notre foi chrétienne nous donne de tenir ces deux réalités ensemble. Dieu se rend visible à nos yeux en Jésus-Christ et nous donne de vivre et de témoigner de cette invisible présence de Dieu parmi nous. Jésus n'est plus dans la proximité visible à nos yeux mais Jésus ne nous abandonne pas, il est là avec nous. Soyons-en bien certain et soyons-en les témoins dans un monde qui vit comme si Dieu n'existait pas ou qui vit à côté de Dieu.

Chers frères et sœurs bien-aimés, mettons-nous à l'école de la Vierge Marie. Faisons confiance à son message lorsque nous la voyons venir jusqu'à nous nous inviter à la conversion en nous appuyant sur son intercession. Que Notre Dame nous accompagne afin que nous grandissions dans la foi. Que Notre Dame intercède pour nous afin que nous puissions participer à sa joie en contemplant au-delà des épreuves de notre vie la Gloire du Christ dans la Résurrection et l'Ascension.

Ascension : Espérance !

Voilà que nous fêtons l'Ascension du Seigneur. Spontanément, nous sommes un peu comme les Apôtres : nous levons les yeux vers le ciel et notre regard reste tourné vers le ciel ! Et pourtant à nous aussi, il est dit : « pourquoi restez-vous là à regarder vers le ciel ? Jésus, qui a été enlevé du milieu de vous, reviendra de la même manière que vous l'avez vu s'en aller vers le ciel. » Ce qui nous renvoie à notre vie quotidienne. En d'autres termes, on peut dire que nous sommes les pieds sur terre et la tête dans le ciel ! Ce mystère de l'Ascension, nous engage chacun d'entre nous à l'Espérance. C'est-à-dire à marcher tous les jours de notre vie avec confiance car nous connaissons le but de notre vie : la Gloire du Ciel ! Par le Seigneur la porte nous est ouverte. Alors, n'ayons pas peur !

Nombreux sont les témoins de l'Espérance qui enracinés dans la confiance ont pu traverser des épreuves et des moments humainement inqualifiables. Comment ici ne pas penser à notre cher abbé Gabriel Gay[6] ? Lui qui a pu dire la veille de sa mort : « Si ma pauvre vie est nécessaire pour faire cesser ces massacres, je la donne bien volontiers. » Et nous savons qu'une heure après la mort de l'abbé Gay, arrive un ordre interdisant de tirer sur les prisonniers. Confiant en la Miséricorde du Seigneur, l'abbé Gay vivait dans l'Espérance en Dieu vainqueur du monde. Il avait donné sa vie afin de sauver celle de ses frères d'infortune, car il savait là où il allait !

Il est un autre témoin tout à fait extraordinaire : le cardinal François-Xavier Van Thuan. Emprisonné au Vietnam pendant treize ans par le régime communisme, monseigneur Van Thuan a écrit au dos des feuillets d'un calendrier tout ce qu'il portait en lui. Il les a fait passer clandestinement aux fidèles dont il avait la charge et dont il était séparé par les barreaux. Sur l'un de ses papiers, il est écrit : « Les égarés, ceux qui ne savent où ils vont, marchent sans espoir. L'homme qui s'avance vers son but espère. Tu vas à la rencontre de ton Dieu, le Seigneur miséricordieux qui t'attend et comblera tous tes désirs », et à un autre endroit, il dit : « On entend partout la même plainte : "La vie s'en va !" Il faut, au contraire, te réjouir et proclamer : "Le bonheur espéré et le retour du Christ Jésus sont tout proches". »[7]

Chers frères et sœurs, en quoi, ces témoins de l'Espérance nous parlent d'une manière toute particulière en ce jour de l'Ascension du Seigneur ? Tout

---

[6] L'abbé Gabriel Gay fut vicaire à Nantua. Lors de rafle, qui eut lieu à Nantua le 14 décembre 1943, il fut emmené par les allemands en déportation. Il accompagna ses paroissiens. Il mourut le 11 avril 1945 dans le camp de Hradischko où il avait exercé son ministère avec charité et courage.

[7] François-Xavier Nguyen van Thuan ; *Sur le chemin de l'espérance*, Le Sarment, Paroles de Lumière, Pensées 664 et 667, p. 125.

simplement parce que dans le mystère de l'Ascension, le Seigneur passe de la gloire du Ressuscité à la gloire de l'exaltation à la droite du Père. En d'autres termes, par l'Ascension du Seigneur le dessein de Dieu est pleinement accompli car par le Christ exalté l'humanité est introduite dans la gloire de la Trinité Sainte. Ce qui veut que nous avons sous nos yeux la réalité de ce à quoi nous sommes appelés. Telle est notre Foi ! Telle est l'Espérance qui nous anime et nous donne de vivre dans l'Amour !

N'oublions pas qu'en ce jour de l'Ascension, nous célébrons aussi la fête de Notre Dame de Fatima. Alors que nous cheminons depuis le mois de janvier vers la consécration de la paroisse à Jésus par Marie, il nous est bon de nous rappeler que l'événement qui s'est passé à Fatima, il y a 93 ans, est comme une fenêtre ouverte vers le Ciel, une fenêtre qui nous donne l'Espérance d'un monde meilleur à venir. Cet événement annonçait la paix pour le monde, mais invitait également toute l'humanité à se mettre en marche avec confiance sur le chemin qui mène au Ciel. Ainsi qu'a pu le dire le Saint Père en arrivant au Portugal : « La Vierge Marie est venue du Ciel pour nous rappeler les vérités de l'Evangile qui constituent, pour l'humanité privée d'amour et sans espérance du salut, une source d'espérance. Certes, cette espérance a comme dimension première et radicale, non pas une relation horizontale, mais une relation verticale et transcendante. La relation avec Dieu est constitutive de l'être humain : créé et ordonné à Dieu, celui-ci cherche la vérité par ses facultés cognitives, il tend vers le bien par sa volonté, et il est attiré vers la beauté par son sens esthétique. La conscience est chrétienne dans la mesure où elle s'ouvre à la plénitude de la vie et de la sagesse que nous avons en Jésus-Christ. »

Chers frères et sœurs bien-aimés, en ce jour de l'Ascension, osons lever les yeux vers le ciel et soyons dans la joie. Vivons cette relation personnelle et communautaire avec le Seigneur dans l'Espérance. Approfondissons notre attachement aux valeurs de l'Évangile afin de vivre d'Amour, de vivre de l'Amour qui vient de Dieu et qui nous transforme sur ce chemin de l'Espérance que Jésus a suivi et sur lequel il marche avec nous.

Le Christ est Roi !

Nous arrivons au terme de l'année liturgique. Et comme chaque année, l'Église nous donne de célébrer le Christ Roi de l'univers. Ce mystère de la vie du Christ nous interroge. En effet qu'est-ce que cela veut dire que de parler du Christ Roi ? Mais de quel Royaume s'agit-il ? Jésus, lui-même, ne facilite pas notre méditation, ou plutôt, il nous ouvre à une autre dimension. Dans un dialogue touchant avec Pilate, au moment de la Passion, le Seigneur dit clairement : « *Ma royauté ne vient pas de ce monde ; si ma royauté venait de ce monde, j'aurais des gardes qui se seraient battus pour que je ne sois pas livré aux Juifs. Non, ma royauté ne vient pas d'ici* » ; et un peu après, il continue : « *C'est toi qui dis que je suis roi. Je suis né, je suis venu dans le monde pour ceci : rendre témoignage à la vérité. Tout homme qui appartient à la vérité écoute ma voix* ».

Il est vrai que spontanément, lorsqu'on pense au Christ Roi on pense généralement une vision politique en pensant à la manière dont l'histoire nous parle de la royauté : le roi étant à la fois la tête et le père de son peuple. La vision devient alors pyramidale : il y a la tête et le reste du corps avec toutes les différentes hiérarchies partant du haut et descendant vers le bas.

Or, Jésus ne construit pas un royaume ainsi. S'il désire construire un corps, l'Église, son plus cher désir est que ce corps soit un et régit par la loi de l'Amour dans la Vérité. C'est ce que nous voyons dans l'évangile de ce jour.

En effet, avec miséricorde, Jésus ne réagit pas aux railleries de ceux qui l'insultent en appuyant sur qui il est et sur le bien qu'il a fait. « *Il en a sauvé d'autres : qu'il se sauve lui-même, s'il est le Messie de Dieu, l'Élu !* » Un condamné fait de même : « *N'es-tu pas le Messie ? Sauve-toi toi-même, et nous avec !* » On est véritablement comme dans un tourbillon qui met à rude épreuve l'amour patient du Rédempteur. Mais au moment où l'autre malfaiteur dit une parole de vérité, au moment où il entre dans un abandon confiant, Jésus ouvre la bouche et répond en faisant miséricorde et en annonçant une promesse. Écoutons ce dialogue merveilleux : « *"Pour nous, c'est juste : après ce que nous avons fait, nous avons ce que nous méritons. Mais lui, il n'a rien fait de mal." Et il disait : "Jésus, souviens-toi de moi quand tu viendras inaugurer ton Règne." Jésus lui répondit : "Amen, je te le déclare : aujourd'hui, avec moi, tu seras dans le Paradis".* »

Chers frères et sœurs, le Christ est Roi car il reprend toute notre histoire afin de lui donner tout son sens en nous ouvrant à la vérité de ce que nous sommes et de ce à quoi nous sommes appelés. Le Christ est Roi car il est la tête du Corps qu'est l'Église et dont nous sommes les membres appelés à vivre dans l'accueil de sa Miséricorde. Le Christ est Roi car il nous montre le chemin que nous sommes appelés à suivre afin d'entrer dans la Gloire du Ciel. Le Christ est Roi car il nous donne les moyens de vivre pleinement ce à quoi il nous appelle. Le Christ est Roi car, dans le cheminement de notre vie, il nous accompagne afin d'avancer inlassablement et toujours plus en profondeur vers la vérité tout entière. Le Christ est Roi car, en nous mettant sous son regard et en gardant les yeux fixés sur lui, il nous permet de nous accueillir mutuellement dans la charité fraternelle.

Lors de la fête Christ Roi 2009, le Pape Benoît XVI disait : « En quoi consiste le "pouvoir" de Jésus Christ Roi ? Ce n'est pas celui des rois et des grands de ce monde ; c'est le pouvoir divin de donner la vie éternelle, de libérer du mal, de vaincre le pouvoir de la mort. C'est le pouvoir de l'Amour, qui sait tirer le bien du mal, attendrir un cœur endurci, apporter la paix dans le conflit le plus âpre, allumer l'espérance dans les ténèbres les plus épaisses. Ce règne de la Grâce ne s'impose jamais, et respecte toujours notre liberté. » Et un peu plus loin, il continue : « Choisir le Christ ne garantit pas le succès selon les critères du monde, mais assure cette paix et cette joie que lui seul peut donner. C'est ce que manifeste à chaque époque l'expérience de tant d'hommes et de femmes qui, au nom du

Christ, au nom de la vérité et de la justice, ont su s'opposer aux flatteries des pouvoirs terrestres et de leurs différents masques, jusqu'à sceller cette fidélité par le martyre », c'est-à-dire par le témoignage du don de leur vie.

Chers frères et sœurs bien-aimés, en cette fête du Christ Roi, rendons grâce à Dieu pour tout ce que nous avons reçu tout au long de cette année et ouvrons notre cœur afin de laisser l'Amour rédempteur régner dans notre vie.

Fête du Christ Roi : Déjà là mais toujours plus !

« Le Christ, levain divin, pénètre toujours plus profondément le présent de la vie de l'humanité, en propageant l'œuvre du salut accomplie dans le Mystère pascal. Il englobe aussi dans son règne salvifique tout le passé du genre humain, en commençant par le premier Adam. L'avenir lui appartient : "Jésus Christ est le même hier et aujourd'hui, il le sera à jamais" (He 13, 8) ».

Ces mots du bienheureux Jean-Paul II résument à eux seuls le sens de cette grande solennité du Christ Roi de l'Univers. Par cette fête, nous sommes appelés à prendre conscience que le Seigneur Jésus, venu instauré son Royaume dans l'œuvre de l'Incarnation et de la Rédemption, désire régner sur toute l'œuvre de la Création. Si cette réalité est appelé à devenir toujours plus effective dans nos propres vies, elle sera pleinement accomplie à la fin des temps, « *Alors, quand tout sera sous le pouvoir du Fils, il se mettra lui-même sous le pouvoir du Père qui lui aura tout soumis, et ainsi, Dieu sera tout en tous*».

Le Christ est Roi car il récapitule en sa personne toute l'histoire du l'humanité et ainsi lui donne tout son sens. Le Christ est Roi car il nous révèle et accomplit le dessein d'amour du Père pour l'humanité entière : « *Venez, les bénis de mon Père, recevez en héritage le Royaume préparé pour vous depuis la création du monde* ». Le Christ est Roi car il nous donne de pouvoir aimer en vérité comme lui nous aime. Le règne du Christ est un « règne de vie et de vérité, de grâce et de sainteté, de justice, d'amour et de paix » (Préface du Christ Roi).

Mais, si cela est déjà pleinement accompli par le mystère de Pâques, il est appelé à devenir toujours plus réel dans le quotidien de notre vie. Comment ?

En étant dans cette certitude foi que le Seigneur vient. « *Quand le Fils de l'homme viendra dans sa gloire, et tous les anges avec lui, alors il siégera sur son trône de gloire* ». Oui, il nous faut revenir inlassablement à cette vérité fondamentale de notre vie chrétienne. Le Seigneur est venu inaugurer le Royaume en annonçant la Bonne Nouvelle et en nous ouvrant les portes de la vie éternelle dans son mystère pascal. Par l'Église notre Mère, le Seigneur vient chaque jour de nos vies dans les sacrements et la Parole de Dieu, ou encore dans la prière et le service de nos frères, « *chaque fois que vous l'avez fait à l'un de ces petits qui sont mes frères, c'est à moi que vous l'avez fait* ». Enfin, le Seigneur reviendra à la fin des temps pour nous faire entrer d'une manière définitive dans la Gloire du Royaume qui n'aura pas de fin.

Chers frères et sœurs, une deuxième réalité est importante : redécouvrir la grâce de notre baptême qui est perfectionnée par la grâce de notre confirmation, et nourrie dans l'Eucharistie. Il s'agit en d'autres termes de revenir aux sources de notre vie de communion avec le Christ afin de découvrir comment le laisser pleinement agir dans le quotidien de notre vie. Alors nous ferons grandir le Royaume de Dieu dans nos vies et par nous dans le monde. N'ayons pas peur de refaire l'expérience de la grâce baptismale, ainsi nous ferons l'expérience de Dieu et de son action dans nos vies par le don de l'Esprit Saint.

Enfin, pour faire grandir le Royaume dans le quotidien de nos vies, il nous faut aussi lever les yeux vers la finalité de l'Église, de notre vie chrétienne, de notre vie humaine. Notre vocation d'homme est de participer à la Gloire du Ciel. Écoutons ce que dit le *Concile Vatican II* dans le décret sur l'Église, *Lumen Gentium* (n° 48):

> « Le Christ élevé de terre a tiré à lui tous les hommes (cf. Jn 12, 32 grec) ; ressuscité des morts (cf. Rm 6, 9), il a envoyé sur ses Apôtres son Esprit de vie et par lui a constitué son Corps, qui est l'Église, comme le sacrement universel du salut ; assis à la droite du Père, il exerce continuellement son action dans le monde pour conduire les hommes vers l'Église, se les unir par elle plus étroitement et leur faire part de sa vie glorieuse en leur donnant pour nourriture son propre Corps et son Sang ».

Oui, pour faire entrer la réalité du Royaume dans nos vies, gardons les deux pieds sur terre et la tête dans le Ciel.

Chers frères et sœurs bien-aimés, Jésus est le Bon Pasteur qui donne à chacun sa place. Jésus est le Roi parce qu'il est victorieux de la mort et du péché. Jésus est celui qui révèle la grandeur et la beauté de l'amour qui prend tout son sens dans la réalité effective des petites choses du quotidien de nos vies. Alors, n'ayons pas peur du Christ Roi, il est riche en miséricorde, il nous donne tout en se donnant lui-même au cœur de nos vies ! Alors, soyons des chercheurs du Royaume de Dieu !

Chapitre 4
En accueillant Jésus qui nous appelle à la Sainteté

Le concile *Vatican II*, dans la constitution *Lumen Gentium*, rappelle au numéro 40 :

> « Appelés par Dieu, non au titre de leurs œuvres mais au titre de son dessein gracieux, justifiés en Jésus notre Seigneur, les disciples du Christ sont véritablement devenus par le baptême de la foi, fils de Dieu, participants de la nature divine et, par la même, réellement saints. Cette sanctification qu'ils ont reçue, il leur faut donc, avec la grâce de Dieu, la conserver et l'achever par leur vie. »

En d'autres termes, tous les fidèles du Christ sont appelés à la sainteté. Dans la liturgie, la fête de la Toussaint nous donne de vivre et de nous rappeler cette vocation inhérente à la grâce baptismale.

Soyez les saints d'aujourd'hui !

> *« L'ange m'entraîna par l'esprit sur une grande et haute montagne ; il me montra la cité sainte, Jérusalem, qui descendait du ciel, d'auprès de Dieu. Elle resplendissait de la gloire de Dieu. (...) Le trône de Dieu et de l'Agneau sera dans la ville, et les serviteurs de Dieu lui rendront un culte ; ils verront son visage, et son nom sera écrit sur leur front. »*[8]

En cette fête de la Toussaint, nous sommes appelés par l'Église à lever les yeux vers le ciel. Non seulement pour le désirer et qu'ainsi cette fête soit un jour notre propre fête, mais également afin de rendre grâce au Seigneur pour les merveilles qu'il a accomplies dans le cœur des hommes que sont les saints. *« J'ai vu une foule immense, que nul ne pouvait dénombrer,* nous dit l'auteur de l'Apocalypse, *une foule de toutes nations, races, peuples et langues. Ils se tenaient debout devant le Trône et devant l'Agneau, en vêtements blancs, avec des palmes à la main »*. Oui, la foule des saints est immense. Elle est composée d'une cohorte d'hommes et de femmes d'une diversité infinie, formant un véritable patchwork dont l'artiste est Dieu lui-même.

Ensemble, promenons-nous dans les versets de l'Apocalypse que nous avons entendus dans la première lecture. Goûtons cette joie, cette présence, ce climat, un peu comme on entre dans une cathédrale en se laissant porter par l'élévation du bâtiment, les couleurs, l'odeur, la musique. En effet, il y a une véritable émotion qui jaillit de ces versets. Cette cathédrale que nous contemplons a pour architecte Dieu lui-même. Et, en nous donnant d'y pénétrer, il veut nous faire percevoir la grandeur des merveilles qu'il accomplit et de son désir de nous donner de pouvoir participer à ce que nous voyons. Alors, laissons-nous toucher dans la profondeur de ce que nous sommes. Cette émotion nous donnera d'approfondir notre désir de participer à cette liturgie du ciel pour l'éternité. Mais n'oublions pas, que ce désir réel du ciel se nourrit ici-bas. Cette construction de la

---

[8] Apocalypse 21, 10-11a ; 22, 3b-4

demeure de Dieu continue encore maintenant. Et, aujourd'hui, par notre participation à l'Eucharistie, nous sommes comme les artisans de cet ouvrage pour nous-mêmes et pour nos frères.

« *L'un des Anciens prit alors la parole et me dit : "Tous ces gens vêtus de blanc, qui sont-ils, et d'où viennent-ils ?" Je lui répondis : "C'est toi qui le sais, mon Seigneur." Il reprit : "Ils viennent de la grande épreuve ; ils ont lavé leurs vêtements, ils les ont purifiés dans le sang de l'Agneau"* » écrit encore l'auteur sacré. Chers frères et sœurs, notre vie n'est pas un long fleuve tranquille, nous le savons bien. Et d'ailleurs l'actualité nous le montre quotidiennement. Parfois on a l'impression que le vendredi saint est toujours là, présent, et que l'histoire de l'humanité s'est arrêté à lui. Or, le Christ est ressuscité. Il est vivant. Il est vainqueur. Notre vie est donc appelée à être plongé dans le mystère pascal de Jésus. C'est la grande épreuve dont parle la première lecture de ce jour. Pour la traverser, nous avons besoin d'aide et de soutien. En effet, Jean, tout visionnaire qu'il est, ne sait pas tout et ne comprend pas tout. Osons nous aussi nous appuyer sur nos frères et sœurs qui « nous ont précédés marqué du signe de la foi », comme le rappelle la liturgie de la Messe. Les saints du ciel, que nous fêtons aujourd'hui et avec qui nous allons chanter le sanctus dans quelques instants, les saints du ciel sont les témoins privilégiés de l'action salvifique du Christ rédempteur de l'humanité, œuvre de salut qui est pour chacun d'entre nous.

Une question se pose, comment vivre et nous laisser aider par tous les saints du ciel ? Le moyen privilégié, c'est l'Eucharistie. En effet, dans l'Eucharistie, nous nous approchons de l'autel du Seigneur et nous plongeons nos vêtements, c'est-à-dire notre vie dans le sang de l'Agneau versé pour la Gloire de Dieu et le Salut du monde. L'Eucharistie est une louange, une action de grâce, ainsi que nous le montre l'Apocalypse. L'Eucharistie nous ouvre la voie royale de la sainteté, ainsi que nous le révèle l'Apocalypse. Oui, la liturgie terrestre de l'Eucharistie est une participation à la liturgie céleste telle que nous la décrit l'Apocalypse. Écoutons encore une fois : « *Tous les anges qui se tenaient en cercle autour du*

Trône, autour des Anciens et des quatre Vivants, se prosternèrent devant le Trône, la face contre terre, pour adorer Dieu. Et ils disaient : "Amen ! Louange, gloire, sagesse et action de grâce, honneur, puissance et force à notre Dieu, pour les siècles des siècles ! Amen !" »

Chers frères et sœurs bien-aimés, au début nous nous rappelions l'importance de lever les yeux vers le ciel en ce jour pour découvrir l'œuvre de Dieu accomplie dans le cœur de tous les saints. Il nous est bon maintenant de descendre dans le fond de notre cœur. Dans le secret des cœurs, chacun d'entre nous peut se laisser envahir et questionner par la foule immense des saints qui nous montrent le chemin d'un bonheur inouï dont les béatitudes, entendues dans l'évangile, nous tracent la route. Oui, aujourd'hui, recevons cette certitude qu'il existe un chemin de bonheur et cela au travers les difficultés et même les combats de notre vie. Cette fête de tous les saints nous ouvre à la bienheureuse espérance que Dieu nous fait miséricorde. Alors ouvrons notre cœur et soyons les saints d'aujourd'hui !

Heureux d'être appelé à vivre les Béatitudes

Chaque année, l'Église nous donne d'entendre les Béatitudes[9] au jour de cette solennité de tous les saints. Et c'est toujours avec joie que nous les retrouvons. En effet, il y a dans ces versets quelque que chose de mystérieux, quelque chose de paradoxal. Ces versets ont un goût d'infini qui nous est proposé et auquel nous pouvons adhérer. Il y a véritablement une réalité inépuisable qui émane de ces versets des Béatitudes, comme un sens caché qui ne se dévoile pas facilement et qui nous invite à nous arrêter afin d'entrer toujours plus profondément dans ce secret si merveilleusement porté au cœur de l'homme. Comme un véritable refrain qui résonne à nos oreilles, nous entendons ce désir

---

[9] Matthieu 5, 1-11.

profond qui est inscrit dans le cœur de tout homme : « *Heureux* ». L'Église y découvre les mille visages des saints, nos grands frères dans la foi qui nous précédés dans la Gloire du Ciel.

Merveilleux mystère que celui des Béatitudes ! Cette année encore entrouvrons la porte afin de goûter un peu plus la saveur de ce magnifique texte.

Dans les Béatitudes, nous découvrons le visage du Seigneur Jésus. Comme autant de rayons jaillissant du cœur de Dieu, la Lumière du Christ vient nous éclairer. En effet, Jésus n'est-il pas par excellence celui qui est le pauvre de cœur, celui qui est le doux, celui qui a pleuré sur la misère de l'homme, celui a eu faim et soif de la justice, celui qui a été miséricordieux, celui qui a un cœur pur, celui qui a œuvrer pour la paix dans les cœurs et dans le monde en révélant la vérité de l'Amour, celui qui a été persécuté et insulté à cause de la justice. Oui, entrer dans le mystère des Béatitudes, c'est entrer dans le mystère du Seigneur Jésus. Contempler les Béatitudes, c'est contempler le visage du Christ.

Il en découle qu'en tant que disciple du Christ, nous sommes tous appelés à vivre des Béatitudes parce que nous vivrons alors du Christ, mais également notre vocation de fidèles du Christ est de vivre les Béatitudes afin de porter au monde le visage du Christ. En contemplant les Béatitudes, nous n'échappons pas à leur questionnement car nous sommes appelés à les vivre en vérité afin d'entrer dans la Béatitude c'est-à-dire dans le Bonheur que Dieu veut pour nous et pour le monde. En donnant les Béatitudes à ses disciples, Jésus voit la foule qui est là. Nous pouvons dire qu'aujourd'hui, en nous donnant les Béatitudes, Jésus nous voit et voit tous ceux qui sont appelés au Bonheur. Alors, laissons transparaitre sur nos visages le Bonheur des Béatitudes afin que le monde croie que Jésus est celui qui lui apporte le vrai bonheur.

D'ailleurs, chers frères et sœurs, le monde nous interroge : « *Qui nous fera voir le bonheur ?* » Un mal guette notre monde, celui de la lassitude qui fait baisser les bras et entraine au désespoir. Au travers des Béatitudes, une mystérieuse promesse est donnée, celui du bonheur. Cette promesse nous rejoint dans le fond de notre cœur et nous permet d'avancer même si la route est parsemée d'embûches et de difficultés. *« Qui nous fera voir le bonheur ? »* Il y a dans les Béatitudes une dimension missionnaire très forte, très grande. En effet, si les Béatitudes nous conduisent à gouter le Bonheur que Dieu veut pour nous, elles nous invitent aussi à en être les témoins.

Être témoin des Béatitudes, c'est être témoin de la promesse de l'Amour de Dieu qui se donne à tout homme. Être des témoins des Béatitudes, c'est aller en portant la figure du Christ rayonnant de Bonheur dans un monde où, si souvent, il y a des assauts redoutables de malheur. Être des témoins des Béatitudes, c'est être témoins de l'Espérance enracinée dans la Foi au Christ Seigneur qui nous révèle et nous apporte le Bonheur jaillissant du Cœur de Dieu. Être des témoins des Béatitudes, c'est croire en l'irruption de l'Amour de Dieu dans notre temps qui vient transfigurer le monde en nous transfigurant. Oui, les Béatitudes nous ouvrent au mystère de l'homme béni par Dieu et appelé au Bonheur.

Chers frères et sœurs bien-aimés, cette fête de tous les saints nous révèle que le mystère porté par les Béatitudes n'est pas une idée vague, mais il est véritablement un don que Dieu fait à l'homme. Mais alors, quel est-il ce mystère des Béatitudes ? Saint Jean nous en donne la réponse : *« lorsque le Fils de Dieu paraîtra, nous serons semblables à lui parce que nous le verrons tel qu'il est »*. C'est cela être saint. C'est cela le bonheur auquel le Christ appelle tout homme en disant : *« Heureux »*.

« Maître, où demeures-tu ? » - « Venez et voyez »

Tous saints !

Toussaint : ce mot est porteur d'une double réalité ô combien importante non seulement dans notre vie chrétienne mais également dans la vie du monde. En effet, ce mot de Toussaint veut nous dire non seulement « tous les saints » que nous fêtons aujourd'hui, mais également soyons « tous saints » afin que cette fête devienne en vérité la nôtre lorsque l'heure sera venue. Si vous le voulez bien méditons quelques instants sur cette double dimension de notre vie avec le Christ.

Lorsque nous professons notre foi, nous disons clairement que nous croyons que l'Église est sainte. De plus, certains de nos aînés qui nous ont précédés dans la foi, nous sont donnés par l'Église comme des modèles : ce sont les saints. D'ailleurs après avoir confessé notre foi en la sainteté de l'Église nous disons croire à la communion des saints. Il nous faut donc réfléchir sur cette dimension de l'Église qui est l'assemblée de tous les saints qui communient aux choses saintes que sont la Parole de Dieu et le Corps du Christ livré pour nous.

Ainsi, célébrer tous les saints du Ciel nous invite à toujours plus prendre conscience en cette communion qui existe entre l'Église du Ciel et celle de la Terre. « L'union de ceux qui sont encore en chemin avec leurs frères qui se sont endormis dans la paix du Christ ne connaît pas la moindre intermittence ; au contraire, selon la foi constante de l'Église, cette union est renforcée par l'échange des biens spirituels » (*Lumen Gentium* 49). Nous pouvons en faire l'expérience dans le cheminement de foi qui est le nôtre. Ayons confiance et demandons aux saints d'intercéder pour nous puisqu'ils sont nos grands frères et nos grandes sœurs dans la foi au cœur de l'Église notre mère. Modèles de vie avec le Christ, ils deviennent ainsi nos avocats pour nous donner de grandir dans notre union au Seigneur tout au long de notre vie.

> « Nous ne vénérons pas seulement au titre de leur exemple la mémoire des habitants du ciel ; nous cherchons bien davantage par là à renforcer l'union de toute l'Église dans l'Esprit grâce à l'exercice de la charité

fraternelle. Car tout comme la communion entre les chrétiens de la terre nous approche de plus près du Christ, ainsi la communauté avec les saints nous unit au Christ de qui découlent, comme de leur chef, toute grâce et la vie du Peuple de Dieu lui-même » (*Lumen Gentium* 50).

Oui, chers frères et sœurs, vénérer les saints du Ciel nous donne de faire grandir la communion de l'Église qui est une mais qui vit jusqu'à la fin des temps dans trois états : les disciples qui pélerinent encore ici-bas ; ceux qui, ayant achevé leur route, se purifient encore et pour qui nous prierons demain deux novembre ; enfin ceux qui sont dès à présent dans la Gloire et qui contemplent Dieu Un et Trine tel qu'Il est.

Contempler Dieu tel qu'Il est, telle est la vocation de tout homme. Cette fête de Toussaint nous engage tous et chacun à être les saints de ce millénaire. Tout homme est appelé à être saint, c'est-à-dire à participer à la sainteté même de Dieu. Ainsi que l'écrit le *Concile Vatican II* :

> « Maître divin et modèle de toute perfection, le Seigneur Jésus a prêché à tous et chacun de ses disciples, quelle que soit leur condition, cette sainteté de vie dont il est à la fois l'initiateur et le consommateur : "Vous donc, soyez parfaits comme votre Père céleste est parfait" (Mt 5, 48). Et en effet à tous il a envoyé son Esprit pour les mouvoir de l'intérieur à aimer Dieu de tout leur cœur, de toute leur âme, de toute leur intelligence et de toutes leurs forces (cf. Mc 12, 30), et aussi à s'aimer mutuellement comme le Christ les a aimés (cf. Jn 13, 34 ; 15, 12) » (*Lumen Gentium* 40).

Mais, nous ne le savons que trop, nous sommes tous pécheurs et nous vivons des manquements à cet appel à la sainteté. Ne désespérons pas ! Mais, pour répondre au Seigneur faisons profondément l'expérience de la Miséricorde du Père.

Tous saints comme Dieu est saint ! Ce message est capital pour le monde d'aujourd'hui qui se sécularise en s'enfermant sur lui-même. La conséquence en est une véritable déshumanisation du monde car la perte du sens de Dieu conduit à la perte du sens de l'homme. Lever les yeux vers le Ciel en prenant conscience que tous les saints sont là et qu'ils nous accompagnent au long de notre vie et ouvrir notre cœur au fait que nous sommes appelés à les rejoindre un jour nous engagent à apporter plus d'humanité à l'existence.

Chers frères et sœurs bien-aimés, avec confiance et dans l'espérance faisons nôtre cet appel des Pères Conciliaires :

> « Les fidèles doivent s'appliquer de toutes leurs forces, dans la mesure du don du Christ, à obtenir cette perfection, afin que, marchant sur ses traces et se conformant à son image, accomplissant en tout la volonté du Père, ils soient avec toute leur âme voués à la gloire de Dieu et au service du prochain. Ainsi la sainteté du Peuple de Dieu s'épanouira en fruits abondants, comme en témoigne avec éclat à travers la vie de tant de saints l'histoire de l'Église » (*Lumen Gentium* 40).

Ô Dieu Trinité… !

Il peut sembler étonnant qu'il y ait un dimanche spécialement dédié à la Trinité Sainte. En effet, toute célébration liturgique, toute célébration de sacrement, tout temps de prière a une dimension trinitaire. Regardons simplement le Signe de la Croix qui ouvre généralement notre prière : « Au nom du Père et du Fils et du Saint Esprit ». Et pourtant, après avoir vécu la célébration du mystère pascal, après avoir accueilli l'Esprit Saint, l'Église dans sa grande Sagesse nous plonge dans le mystère intime de Dieu qu'est le mystère de la Sainte Trinité. Certes, Jésus nous dit clairement que l'Esprit nous conduira dans la vérité tout entière et donc il est, j'ose dire, légitime que nous soyons introduit au mystère même de Dieu un et trine, en ce jour.

Le symbole des Apôtres, comme le symbole de Nicée Constantinople, ont l'un et l'autre une structure trinitaire. En effet, loin d'un catalogue de ce qui est à croire, le Credo, que nous allons professer dans quelques instants, nous plonge au cœur de la foi chrétienne au travers d'une structure qui est le signe de l'originalité chrétienne. Nous croyons en Dieu qui est un dans la trinité des personnes du Père et du Fils et du Saint Esprit. C'est ce que nous avons professé au jour de notre baptême en conformité avec la finale de l'évangile de saint Matthieu : « *Allez donc ! De toutes les nations faites des disciples, baptisez-les au nom du Père, et du Fils, et du Saint-Esprit* ».

Dieu un et trine : afin d'entrer dans une connaissance intérieure et de recevoir cette vérité de foi, nous avons besoin de la révélation qui s'est accomplie en la personne de Jésus le Fils bien-aimé du Père. Dieu ne se révèle pas Trinité grâce à un théorème intellectuel, mais par l'incarnation du Fils qui a été envoyé dans le monde « *non pas pour juger le monde, mais pour que, par lui, le monde soit sauvé* ».

Chers frères et sœurs, Dieu est Père, créateur du ciel et de la terre. Il est intervenu dans notre histoire. C'est en agissant pour nous, c'est en nous appelant à lui et c'est en opérant notre salut qu'il s'est fait connaître de nous. Notre foi en lui, qui est véritablement une réponse à l'appel que Dieu nous lance, n'est pas séparable de la connaissance qu'il nous a donnée de son œuvre au milieu de nous. Dieu, Père Fils et Saint Esprit, est à l'œuvre dans notre monde, transformant ainsi notre histoire en histoire du salut.

C'est par la foi que nous transmets le Christ, c'est par la connaissance que nous donne l'Esprit Saint qui nous pouvons accueillir la réalité qui est vécue en Dieu depuis toute éternité. Dieu-Amour vit en lui-même une circulation d'Amour, un échange d'Amour infini entre le Père et le Fils et le Saint Esprit. Ce cœur de la foi, dans laquelle nous avons été baptisés, vient également nous révéler le cœur de ce que nous sommes, de ce que nous sommes appelés à vivre en tant que personne humaine créée à l'image de Dieu. L'homme ne peut exister que s'il est en relation avec les autres et cette relation est constituée par l'amour. C'est là le sens nouveau du commandement que le Seigneur nous laisse : « *Aimez-vous les uns les autres comme je vous ai aimés* ».

En prenant conscience de l'importance de la relation dans la vie de l'homme, en découvrant l'unité magnifique vécue au sein de la Trinité, nous entrons alors dans un nouveau rapport à Dieu, mais également dans un lien privilégié avec nos frères afin de construire avec tous les hommes de bonne volonté un monde à la hauteur de la personne humaine.

Notre foi en la Trinité Sainte nous aide à accueillir la vérité sur notre frère, nous aide à lui permettre d'être pleinement lui-même, nous aide à vivre des relations qui soient justes et vraies. La vie en communauté est appelée à être à l'image de la vie trinitaire. C'est pourquoi, la doctrine sociale de l'Église, qui met la vérité de l'homme au cœur de ses préoccupations, prend sa source dans le mystère Trinitaire.

Il en va de même pour une vie de couple, une vie de famille. Le couple, dans la différence des personnes homme et femme, est appelé à être une magnifique icône de la Trinité Sainte. Car le couple est une communion de personnes vécue dans l'Amour.

Chers frères et sœurs bien-aimés, levons les yeux vers Dieu, Père, Fils et Saint Esprit. Convertissons-nous en descendant au plus profond de nous-même afin de laisser la Trinité Sainte faire son œuvre dans notre vie. Que, par l'intercession de Notre Dame, nous puissions vivre pleinement dans l'amour cette dimension relationnelle au cœur de notre communauté appelée à être icône de la Trinité.

Chapitre 5

En accueillant Jésus
qui nous donne ce qui est nécessaire pour la route.

« Le jour de la Pentecôte, par l'effusion de l'Esprit Saint, l'Église est manifestée au monde (cf. SC 6 ; LG 2). Le don de l'Esprit inaugure un temps nouveau dans la " dispensation du Mystère " : le temps de l'Église, durant lequel le Christ manifeste, rend présent et communique son œuvre de salut par la Liturgie de Son Église, " jusqu'à ce qu'Il vienne " (1 Co 11, 26). Durant ce temps de l'Église, le Christ vit et agit désormais dans Son Église et avec elle d'une manière nouvelle, propre à ce temps nouveau. Il agit par les Sacrements ; c'est cela que la Tradition commune de l'Orient et de l'Occident appelle " l'Économie sacramentelle " ; celle-ci consiste en la communication (ou " dispensation ") des fruits du Mystère pascal du Christ dans la célébration de la liturgie " sacramentelle " de l'Église. »

Ainsi s'exprime le *Catéchisme de l'Église Catholique*, au numéro 1076, au tout début de la partie dédiée à « la célébration du mystère chrétien ».

Dans son ministère, le prêtre célèbre les sacrements de l'Église. Il est appelé à prêcher sur le mystère auquel participent tous les fidèles présents. De plus, dans les mystères de la vie du Christ, deux fêtes donnent la possibilité de parler des sacrements. Il s'agit de la Fête du Baptême du Seigneur (au terme du temps de

Noël et qui donne la possibilité de parler de la réalité du baptême) et de la Fête du Corps et du Sang du Seigneur (dernière fête après le temps pascal et qui permet de parler de l'Eucharistie et tout particulièrement de la présence réelle de Jésus).

Dans ce chapitre, on trouvera différentes homélies données lors de ces deux fêtes du Seigneur ainsi que deux homélies qui ont été prononcées lors de la célébration de mariage.

Baptême du Christ

Baptisés à la suite du Christ

Nous célébrons aujourd'hui le baptême de Jésus par Jean dans le Jourdain. Cet événement nécessite que nous nous y arrêtions quelques instants car il nous aidera à redécouvrir la grandeur et la beauté de notre propre baptême. En effet, quel est le sens du baptême de Jean ? Et pourquoi Jésus vient-il pour être baptisé ? Qu'est-ce que cela veut dire pour nous ?

Tout d'abord, il est bon de se rappeler qu'il existe en toutes les religions des rites de purification. Mais le baptême de Jean est très particulier car il invite à la conversion, au changement radical de vie. Il est un baptême de conversion qui est, en même temps, une annonce et une préparation à la venue du messie de Dieu. « Moi, je vous baptise avec de l'eau ; mais il vient, celui qui est plus puissant que moi. Je ne suis pas digne de défaire la courroie de ses sandales. Lui vous baptisera dans l'Esprit Saint et dans le feu », nous dit Jean-Baptiste.

Mais que nous dit la réalité même du baptême ? Le symbole de l'eau est tout à fait essentiel. On y trouve une double logique. Tout d'abord, il y a la mort car l'eau peut tout à fait détruire. Il n'y a qu'à regarder les inondations. D'ailleurs pour la pensée antique, le cosmos est perpétuellement sous la menace de l'eau qui peut anéantir toute vie. Comme nous le rapporte le livre de la Genèse, dans le Déluge toute la vie est anéantie, sauf pour ceux que Dieu a élus. Mais en même temps, l'eau est précieuse, elle est source de fécondité et donc de vie. D'ailleurs, aujourd'hui encore la vallée du Jourdain est un lieu extrêmement fertile. En d'autres termes, *« Il s'agit de purifier, de libérer l'homme de la boue du passé, qui pèse sur la vie et qui la défigure ; il s'agit d'un nouveau commencement, d'une mort et d'une résurrection, il s'agit de repartir à zéro pour mener une vie nouvelle. On pourrait donc dire qu'il s'agit de renaître »*[10]. Cette réalité présente dès le baptême de Jésus sera développée par la théologie au cours des siècles de l'histoire de l'Église.

Ainsi, cette fête du baptême du Christ nous projette déjà dans la réalité de la mort et de la résurrection de Jésus, dans le mystère de Pâques. Il se trouve que nous sommes au tout début du ministère public du Seigneur. Il en découle que toute la mission du Sauveur sera d'aller vers sa Pâques pour nous donner de passer de la mort à la vie.

Chers frères et sœurs, la présence de Jésus dans ce baptême de conversion, vient nous révéler la réalité profonde de son ministère de Sauveur des hommes. Jésus descend au milieu de l'humanité. Il vient jusqu'à nous pour se faire l'un de nous. Il entre sur un chemin nouveau qui est le chemin de salut. Il veut être compté parmi les pécheurs mais sans devenir lui-même un pécheur. En fait, « Il veut porter sur lui le fardeau de nos péchés, de mes péchés, de mes fautes. Il les prend sur lui et les plonge dans le Jourdain pour les laver. Il ne méprise pas les hommes parmi lesquels il se range. Plus tard, il dira qu'il n'est pas venu pour juger mais pour sauver »[11] La voix venue du Ciel vient attester ce qui a été vécu par le Christ Jésus lui-même. Il est le chemin par lequel Dieu Trinité vient jusqu'à nous, hommes pécheurs que nous sommes. *« L'Esprit Saint descendit sur Jésus, sous une apparence corporelle, comme une colombe. Du ciel une voix se fit entendre : "C'est toi mon Fils : moi, aujourd'hui, je t'ai engendré". »*

---

[10] Joseph Ratzinger – Benoît XVI, *Jésus de Nazareth – Du baptême dans le Jourdain à la Transfiguration*, p. 36.
[11] Christoph Schönborn, *Pensées sur l'évangile de Luc*, p. 48.

Après une telle expérience, tous ceux qui entouraient Jean et qui se faisaient baptisés par lui, ainsi que chacun d'entre nous, il nous faut répondre à l'appel que Dieu nous lance. A notre tour, il nous faut ressortir de l'eau pour aller sur le chemin de la vie. Chers frères et sœurs bien-aimés, dans cet événement du baptême, Dieu vient nous dire : « Aujourd'hui, dans le baptême, vous voyez mon Fils bien-aimé qui entame sa vie d'annonce du Royaume d'Amour et de Miséricorde. Vous voyez mon Fils bien-aimé qui vient prendre sur lui vos péchés. N'ayez pas peur de sortir de vous-mêmes pour marcher à sa suite tout au long de votre vie ».

Qu'avec l'aide de la Vierge Marie, nous puissions tous et chacun d'entre nous redécouvrir la grâce de notre baptême qui fait de nous des enfants bien-aimés du Père. En effet, ainsi que nous l'a rappelé saint Paul, *« Par le bain du baptême, il nous a fait renaître et nous a renouvelés dans l'Esprit Saint. Cet Esprit, Dieu l'a répandu sur nous avec abondance, par Jésus Christ notre Sauveur ; ainsi, par sa grâce, nous sommes devenus des justes, et nous possédons dans l'espérance l'héritage de la vie éternelle »*.

Baptême ! Un point culminant !

Voilà que nous arrivons déjà au terme du temps de Noël. Ce temps est bien court mais en fait cela nous donne d'intérioriser dans le secret et le silence personnel tout au long du quotidien de notre vie ce que nous avons célébré pendant ces semaines.

En ce jour, nous fêtons le Baptême du Seigneur. Cette fête nous convie au tout début de la vie publique de Jésus. Mais en même temps, elle est intimement liée à l'épiphanie. D'ailleurs, avant la juste réforme du calendrier liturgique qui a fait suite au Concile Vatican II, l'épiphanie et le baptême du Seigneur étaient fêtées le même jour. Alors, en ce jour, essayons de voir l'unité entre ces deux fêtes.

Tout d'abord, nous avons rappelé la semaine dernière que les mages étaient

« Maître, où demeures-tu ? » - « Venez et voyez »

d'authentiques chercheurs de Dieu. Ils vont accueillir ce que la science leur avait dit, *« nous avons vu se lever son étoile »*, et ce que l'Écriture Sainte leur révèle, *« A Bethléem en Judée »*. Cet accueil va les conduire jusqu'à la crèche où ils vont se prosterner devant l'enfant Jésus, attitude d'adoration, et lui offrir leurs cadeaux. Ils reconnaissent qui est Jésus, l'Emmanuel, Dieu avec nous.

En cette fête du Baptême du Seigneur, il y a une petite différence, c'est Jésus qui répond à la démarche des hommes. Nous le voyons s'approcher du Peuple qui cherche à vivre une démarche de conversion en recevant le baptême de Jean En vivant avec les hommes cette démarche, Jésus révèle qui prend sur lui l'ensemble du péché des hommes. Il est vraiment le Sauveur, le Rédempteur de l'homme qui s'abaisse jusqu'à nous et s'accommode à nos faiblesses. De plus, en demandant à Jean-Baptiste d'accomplir le geste rituel, Jésus témoigne qu'il veut avoir besoin des hommes pour que s'accomplisse sa mission. *« Pour le moment, laisse-moi faire ; c'est de cette façon que nous devons accomplir parfaitement ce qui est juste. »* Le pluriel de cette phrase est important. En d'autres termes, il vient nous dire aujourd'hui : « Je veux avoir besoin de toi ! » Enfin, une fois qu'il a sanctifié les eaux du baptême par sa présence, nous avons la première révélation du mystère intime de Dieu : la Trinité Sainte. L'Esprit Saint apparaît comme une colombe et la voix du Père se fait entendre : *« Celui-ci est mon Fils bien-aimé ; en lui j'ai mis tout mon amour »*.

Chers frères et sœurs, la démarche commencée à Noël, poursuivi avec les mages la semaine dernière entre aujourd'hui dans un accomplissement. Le cycle des manifestations du Seigneur trouve en quelque sorte un point culminant : nous sommes mis en présence du mystère même de Dieu. C'est vers ce point culminant que nous cheminons tout au long de notre vie et donc tout au long de l'année.

Comment ? En suivant la route que nous trace Jésus lui-même. En effet, que voyons-nous ? Au bord du Jourdain, Jésus témoigne d'une humilité impressionnante. « Le Fils de Dieu, Celui qui est sans péché, se place parmi les pécheurs, montre la proximité de Dieu sur le chemin de conversion de l'homme.

Jésus assume sur ses épaules le poids de la faute de l'humanité tout entière, commence sa mission en se mettant à notre place, à la place des pécheurs, dans la perspective de la croix », a pu dire le Pape Benoît XVI en 2010 pour cette fête. Cette humilité est celle à laquelle nous sommes appelés : accomplir notre mission d'homme en ouvrant humblement nos mains pour recevoir la grâce que Dieu veut nous donner. On ne part pas à la conquête dans un esprit de compétition pour être le meilleur, on n'entre pas dans une démarche d'orgueil en pensant j'y arriverai bien à la force du poignet, mais le Seigneur nous invite à agir humblement en ouvrant les mains avec confiance. Ainsi qu'a pu le dire sainte Jeanne Jugan : « C'est si beau d'être pauvre, de ne rien avoir à soi et de tout attende du Bon Dieu ». Vivant cette attitude, nous verrons l'œuvre de Dieu s'accomplir. La Trinité Sainte viendra dans notre vie, dans notre monde, pour nous révéler l'amour qui sauve, l'amour qui rétablit dans la dignité, l'amour qui respecte pleinement la vie de l'homme.

Chers frères et sœurs bien-aimés, n'est-ce pas ce qui s'est passé au jour de notre baptême ? Humblement porté sur la cuve baptismale, le cœur ouvert, nous avons accueilli dans notre vie la Trinité Sainte qui est venue nous transfigurer et faire de nous des enfants bien-aimés du Père. Toute notre vie, osons revenir à cette grâce merveilleuse qui nous a été faite, prenons toujours plus conscience de ce que nous avons reçu et laissons l'œuvre de Dieu s'accomplir en nous. Alors, nous serons des témoins. Alors, nous mettrons le feu au monde.

« Maître, où demeures-tu ? » - « Venez et voyez »

Fête du Corps et du Sang du Seigneur

« Vous ferez cela en mémoire de moi »

« Dieu arrête ses regards sur l'autel ! "C'est là mon Fils Bien-Aimé en qui j'ai mis toutes mes complaisances". » (Saint Jean-Marie Vianney, curé d'Ars)

« En la fête du Corps et du Sang du Seigneur, l'Eglise revit le mystère du Jeudi Saint à la lumière de la Résurrection », ainsi s'exprime le Pape Benoît XVI et il continue en ajoutant : « Ce n'est qu'ainsi que le don de l'Eucharistie, instituée au Cénacle, trouve son accomplissement : Jésus donne réellement son corps et son sang. En franchissant le seuil de la mort, il devient Pain vivant, véritable manne, nourriture inépuisable pour les siècles des siècles. La chair devient pain de vie ».

En ce jour, il nous est bon de méditer sur cette offrande que Jésus fait de lui-même dans l'Eucharistie. Offrande qui lui donne d'accomplir cette parole de l'Évangile : *« Et moi, je suis avec vous tous les jours jusqu'à la fin des temps »*. Oui, le Seigneur a voulu rester présent au milieu de nous afin de nous donner de pouvoir le rencontrer, de pouvoir marcher avec lui tous les jours de notre vie. Cette marche est celle du Ressuscité qui va à la rencontre du monde entier. Cette fête du Corps et du Sang du Seigneur nous ouvre à la dimension de la mission universelle du Christ, mission qu'il a confié à son Église, mission qu'il confie à chacun d'entre nous. En effet, n'a-t-il pas dit au Cénacle, au soir du Jeudi Saint : *« Vous ferez cela en mémoire de moi »*. Certes, il parlait de l'Eucharistie qu'il venait d'instituer, mais l'Eucharistie est l'offrande totale du Seigneur pour le salut du monde. Cette offrande qu'il confie à ses Apôtres et donc à l'Église. Cette offrande qu'il nous confie afin que dans l'offrande de nous-mêmes nous participions au salut du monde.

Mais plus profondément, Jésus dit à ses apôtres rassemblés autour de lui au Cénacle : *« Prenez, ceci est mon corps... Ceci est mon sang, le sang de l'Alliance, répandu pour la multitude... »* Et les apôtres mangent et boivent. Il ne s'agit pas là d'un simple geste, mais à la lumière de la résurrection, nous comprenons que dans l'acte de manger le Corps du Seigneur et de boire le Sang du Seigneur, il y a la rencontre entre deux personnes. Cet acte manifeste que nous désirons nous unir à la vie du Christ ressuscité afin de le laisser transformer notre vie. Nous unir à la vie du Ressuscité c'est nous unir à la vie de Dieu qui est l'Amour vivant et qui se donne. Cet acte de communion conduit à l'adoration qui est véritablement une prolongation de l'union intime au Christ accomplie dans la communion.

Chers frères et sœurs, en cette fête du Corps et du Sang du Seigneur soyons dans la joie et l'action de grâce. En effet, ainsi que le dit le saint Curé d'Ars, Dieu ne pouvait « se résoudre à nous laisser seuls sur la terre » aux prises avec notre faiblesse, il veut que « nous ayons le bonheur de le trouver toutes les fois que nous voudrons le chercher ». Oui, c'est le même Jésus qui est présent au milieu de nous dans le Saint Sacrement de l'Autel que celui qui est au Cénacle avec les Apôtres ! Et il nous attend car il se donne gratuitement ! « Prenez, ceci est mon corps... Ceci est mon sang... » Jésus nous convie à une rencontre réelle avec Dieu ! Alors pourquoi nous priver ? Pourquoi passer à côté de la source ? N'ayons pas peur de prendre le temps de nous approcher du Seigneur présent dans cette tente de la rencontre qu'il a voulu planter au milieu de nous. Jésus est là, au tabernacle allons le rencontrer afin de l'adorer, de l'aimer, de dialoguer avec lui, de rester en silence gratuitement, de nous donner à lui.

« Je t'offrirai le sacrifice d'action de grâce, j'invoquerai le nom du Seigneur. Je tiendrai mes promesses au Seigneur, oui, devant tout son peuple » dit le psalmiste en ce jour. Oui, acceptons de nous offrir à lui, Jésus, qui s'offre à nous dans son Corps et dans son Sang. Acceptons de donner de notre temps, il est venu non pour juger le monde mais pour que par lui le monde soit sauvé (cf Jn 3, 17). Jésus est présent au milieu de nous. Lorsque nous l'aurons rencontré, n'ayons pas peur d'aller dans le monde pour annoncer ce que nous aurons vu et entendu, ce que nous aurons approché et touché (cf 1Jn 1,1s). Chers frères et sœurs bien-aimés, en ce jour de la fête du Corps et du Sang du Seigneur, venez et adorez le Seigneur,

venez et restez en silence afin de puiser à la source de l'Amour, venez et puis allez dire au monde entier les merveilles de Dieu qui veut entrer en communion avec tous les hommes.

En ce jour, d'une manière particulière, tournons-nous vers la Vierge Marie. En effet ainsi que l'écrit le Pape Benoît XVI : « Marie, la Mère du Christ, nous enseigne véritablement ce que signifie entrer en communion avec le Christ : Marie a offert sa propre chair, son propre sang à Jésus et elle est devenue la tente vivante du Verbe, se laissant pénétrer dans le corps et l'esprit par sa présence. Nous la prions, Elle notre sainte Mère, pour qu'elle nous aide à ouvrir toujours davantage tout notre être à la présence du Christ ; pour qu'elle nous aide à le suivre fidèlement, jour après jour, sur les routes de notre vie »[12].

Il est là... !

Tu es le pain vivant venu du ciel, Seigneur Jésus. Qui mange de ce pain vivra pour toujours.

En ce jour de la fête du Corps et du Sang du Seigneur, nous sommes appelés par l'Église à contempler le grand sacrement de l'Amour de Dieu. En effet, au soir du Jeudi Saint, au Cénacle, Jésus offre à ses Apôtres d'accueillir le mystère de son Corps livré et de son Sang versé pour le salut du monde. Ainsi que l'écrit le Pape Benoît XVI au début de sa magnifique exhortation apostolique *Sacramentum Caritatis* sur l'Eucharistie : « Dans cet admirable Sacrement se manifeste l'amour "le plus grand", celui qui pousse "à donner sa vie pour ses amis" (Jn 15, 13). En effet, Jésus "les aima jusqu'au bout" (Jn 13, 1) ». En considérant cette grandeur de l'Amour de Dieu pour nous, nous ne pouvons que nous émerveiller, plier le genou et adorer. Jésus, aujourd'hui encore, se donne à nous jusqu'au bout dans l'Eucharistie.

La présence réelle de Jésus dans le Saint Sacrement de l'Autel est un

---

[12] Les citations du Pape sont tirées de son homélie pour la fête du *Corpus Domini* de 2005

mystère de foi. Il s'agit d'une « réalité qui dépasse toute compréhension humaine » et que nous sommes appelés à accueillir dans la foi car elle nous ouvre le chemin de la vie éternelle. *« Celui qui mange ma chair et boit mon sang demeure en moi, et moi je demeure en lui »*, dit Jésus dans les versets de l'évangile que nous venons d'entendre, et il continue : *« celui qui mange ce pain vivra éternellement »*.

Au terme de ce grand discours sur le Pain de Vie rapporté par l'évangile de saint Jean, alors que des auditeurs de Jésus partent parce qu'ils ne peuvent et ne veulent entendre les paroles du Seigneur, voilà que celui-ci se tourne vers ses disciples en disant : *« Voulez-vous partir, vous aussi ? »* Et Pierre de répondre dans un élan magnifique de foi : *« Seigneur, vers qui pourrions-nous aller ? Tu as les paroles de la vie éternelle. Quant à nous, nous croyons, et nous savons que tu es le Saint, le Saint de Dieu »*. Alors, en ce jour de la fête du Corps et du Sang du Seigneur, à notre tour, levons les yeux vers le Seigneur et professons notre foi. De plus, n'ayons pas peur de demander au Seigneur sa grâce afin que nous grandissions toujours plus dans la foi.

Chers frères et sœurs, la fête du Corps et du Sang du Seigneur nous renvoie au cœur de notre vie chrétienne, de notre vie de foi, de notre vie avec le Christ. Dans l'Eucharistie, le Seigneur se rend présent à nous d'une manière spéciale. Ainsi qu'a pu le dire saint Jean-Marie Vianney, curé d'Ars : « Notre-Seigneur est là caché qui attend que nous venions le visiter et lui faire nos demandes. Voyez comme il est bon ! il s'accommode à notre faiblesse… S'il se fût présenté avec cette gloire devant nous, nous n'aurions pas osé l'approcher ». Et pourtant le Seigneur est là n'ayant plus figure humaine, mais vraiment là. « Ah ! si nous avions la foi, si nous étions bien pénétrés de la présence de Notre-Seigneur qui est là sur nos autels avec ses mains pleines de grâces cherchant à les distribuer, avec quel respect nous serions en sa Sainte Présence », disait encore le curé d'Ars. Oui, l'Eucharistie nous plonge au cœur de la foi au Christ rédempteur qui vient transfigurer toute notre vie, alors que nous cheminons sur la route parfois chaotique qui nous mène au bonheur que le Seigneur nous a promis.

Dans l'Eucharistie, il y a comme une lumière qui nous donne d'anticiper ce que nous vivrons dans l'éternité. En effet, lors de l'élévation, nous voyons le Christ qui est là présent au milieu de nous. Au moment de la communion, le Seigneur Jésus s'unit à nous afin que nous devenions ce que nous recevons c'est-à-dire le Corps du Christ. N'est-ce pas ce à quoi nous sommes appelés par vocation ? *« Nous le savons : lorsque le Fils de Dieu paraîtra, nous serons semblables à lui parce que nous le verrons tel qu'il est »* écrit saint Jean. Entrons pleinement dans une attitude d'adoration afin que le Seigneur nous transforme au plus profond de notre cœur.

En contemplant le mystère de l'Eucharistie, en vivant l'adoration eucharistique, on ne peut que dire : *« Seigneur, il est heureux que nous soyons ici »*. Mais Jésus, par la voix de l'Église nous dit d'aller en mission. Oui, dans cette fête du Corps et du Sang du Seigneur, il y a la révélation de la nature missionnaire de l'Église et de toute vie chrétienne. En effet, dans l'Eucharistie nous sommes touchés par le Seigneur et le don qu'il fait de lui-même pour que nous demeurions en lui et que lui demeure en nous. Il n'y a rien de plus beau que d'annoncer cette amitié qui nous unit à Jésus. « Nous ne pouvons garder pour nous l'amour que nous célébrons dans ce Sacrement, écrit le Pape. Il demande de par sa nature d'être communiqué à tous. Ce dont le monde a besoin, c'est de l'amour de Dieu, c'est de rencontrer le Christ et de croire en lui. C'est pourquoi l'Eucharistie n'est pas seulement source et sommet de la vie de l'Église ; elle est aussi source et sommet de sa mission ». Par notre vie, par notre témoignage, cette annonce nous incombe à chacun.

Le Mariage[13]

Aimer en vérité (Jean 15, 9-13)

Valentine et Kevin, en entendant avec vous ces textes de l'Écriture Sainte, je me disais qu'aimer en vérité c'est vraiment tout un art. Jésus le dit bien : « *Aimez-vous les uns les autres comme je vous ai aimés* ». En fait, nous sommes appelés, en tant que disciples du Seigneur à entrer dans une imitation de Jésus-Christ afin d'aimer comme lui nous aime. Mais plus encore, dans votre vocation d'époux chrétiens, comme pour tout foyer, vous recevez aujourd'hui de l'Église cette mission d'être une icône magnifique de l'Amour du Christ pour l'Église, de l'Amour de Dieu pour l'humanité. « *Il n'y a pas de plus grand amour que de donner sa vie pour ses amis* ».

Mais si nous regardons comment Jésus en arrive à dire cela, alors on découvre plusieurs étapes. Tout d'abord Jésus nous révèle son Amour qui s'enracine dans l'Amour du Père pour lui. En d'autres termes, Jésus nous donne la source de l'Amour : le Cœur du Père. Source à laquelle n'ayez pas peur de puiser car elle est infinie. Ensuite deuxième étape, Jésus nous annonce comment faire pour demeurer dans son Amour : garder les commandements. Oui, mais pas d'une manière servile. En fait nous ne sommes pas dans une relation de soumission qui nous fait plier l'échine mais dans un agir qui est un choix conscient de fidélité amoureuse. Et cela s'apprend, cela s'éduque inlassablement tout au long de notre vie. Comment ? Pour trouver réponse à cette question, regardons la troisième étape. Jésus nous invite à aimer toujours plus comme Il nous aime. Jésus nous engage à orienter, à éduquer notre intelligence et notre volonté pour vivre consciemment et pleinement de l'Amour de Dieu par le don de nous-même. Vous imaginez bien, Valentine et Kevin, que cela prend une résonance particulière dans le cadre de l'Amour conjugal.

Avez-vous remarqué que l'évangile nous ouvre à un petit plus ? En effet,

---

[13] Par discrétion, les prénoms de ces deux homélies ont été changés.

vivre de cet amour fait de nous des serviteurs de la joie de Dieu, du bonheur que Dieu désire pour chacun d'entre nous. *« Je vous ai dit cela pour que ma joie soit en vous, et que vous soyez comblés de joie »*, affirme Jésus au cœur de son enseignement. Il y a une dimension émotionnelle dans la vérité de l'Amour qui n'est absolument pas à négliger mais qui est à cultiver.

Valentine et Kevin, je vous disais tout à l'heure qu'aimer en vérité c'était tout un art. Tout art véritable doit conduire à une purification afin d'élever l'âme. Cela est vrai non seulement pour celui qui produit l'œuvre d'art mais également pour celui qui l'accueille, la regarde, l'écoute. Il en résulte que l'art est une expression et une source de bonheur. En ce sens, si ce sont les consentements qui font le mariage, ce qui lui donne la vie et d'être une véritable œuvre d'art c'est l'amour des conjoints l'un pour l'autre. Un amour qui est appelé à être vrai, c'est-à-dire un amour qui ne sera pas utilisation de l'autre mais don désintéressé de soi-même.

Afin de le réaliser d'une manière concrète, écoutons encore une fois ce que nous dit saint Paul : *« Tout ce qui est vrai et noble, tout ce qui est juste et pur, tout ce qui est digne d'être aimé et honoré, tout ce qui mérite des éloges, tout cela, prenez-le à votre compte »*. C'est vraiment un chemin de discernement qui s'ouvre devant vous. C'est vraiment un appel à choisir la vie. C'est vraiment une vocation. Merci d'y répondre aujourd'hui et de désirer y répondre d'une manière toujours plus profonde tout au long de votre vie. Pour cela, appuyez-vous sur les textes que vous avez-vous-même choisis en ce jour. Les raisons vous appartiennent et c'est votre secret. Mais ces trois textes sont comme un véritable trépied sur lequel vous pouvez vous appuyer puisque par eux le Seigneur vous parle.

Valentine et Kevin, c'est vers la Vierge Marie que je me tourne maintenant. « Sainte Vierge Marie, vois Valentine et Kevin qui, aujourd'hui, se donnent l'un à l'autre dans le sacrement de mariage. Tu as accueilli dans la foi la Parole qui t'a été dite de la part du Seigneur, tu t'es laissée envahir par la fougue et la force de l'Esprit Saint et tu as donné Jésus, le Rédempteur de l'homme, au monde. En ce jour, nous te demandons d'être toujours à leurs côtés afin qu'ils soient disponibles pour l'écoute de la Parole de Dieu, le partage de la prière et de la charité fraternelle, afin qu'ils soient par leur communion de vie et d'Amour une icône de la présence aimante et miséricordieuse de Jésus ».

Mariage et Sacerdoce

Un de mes supérieurs au séminaire aimait à dire régulièrement : « La Providence de Dieu organise tout jusque dans les moindres détails ! » Il est vrai que dans le quotidien de nos vies, cela n'est pas toujours simple à découvrir. Mais aujourd'hui, il me semble qu'on ne peut que le relever. En effet, Pauline et Stanislas, il se trouve qu'aujourd'hui, en ce jour de la célébration de votre mariage, en ce jour de la saint Thomas, cet apôtre merveilleux qui cherche la vérité de l'Amour de Dieu en voulant le toucher, je fête mon anniversaire d'ordination sacerdotale : prêtre pour le service du Christ et de l'Église.

Cette coïncidence des dates est un signe fort que le Seigneur veut nous faire. Quel est-il ce signe ? Et bien, nous avons sous nos yeux le fait qu'au cœur de l'Église, il y a beaucoup de demeures et que dans ce chemin de l'unique vocation à la sainteté à laquelle tout baptisé est appelé, il y a des vocations complémentaires. Il en découle plusieurs éléments de réflexion à prendre en considération et qui vont nous aider à entrer un peu plus en avant dans le mystère de ce merveilleux sacrement de l'Alliance qu'est le sacrement de mariage.

Tout d'abord, cette complémentarité des vocations, nous aide à percevoir la nécessaire considération de la spiritualité de communion qui est à développer dans notre vie de fidèles de Christ. Qu'est-ce à dire ? Le Pape Jean-Paul II, dans sa lettre apostolique *Au début du nouveau millénaire*, nous en donne la réponse. Je le cite longuement :

« *Une spiritualité de la communion consiste avant tout en un regard du cœur porté sur le mystère de la Trinité qui habite en nous, et dont la lumière doit aussi être perçue sur le visage des frères qui sont à nos côtés. Une spiritualité de la communion, cela veut dire la capacité d'être attentif, dans l'unité profonde du Corps mystique, à son frère dans la foi, le considérant donc comme "l'un des nôtres", pour savoir partager ses joies et ses souffrances, pour deviner ses désirs et répondre à ses besoins, pour lui offrir une amitié vraie et profonde. Une spiritualité de la communion est aussi la capacité de voir surtout ce qu'il y a de positif dans l'autre, pour l'accueillir et le valoriser comme un don de Dieu : un "don pour moi", et pas seulement pour le frère qui l'a directement reçu. Une spiritualité de la communion, c'est enfin savoir "donner une place" à son frère, en portant "les fardeaux les uns des autres" (Ga 6,2) et en repoussant les tentations égoïstes qui continuellement nous tendent des pièges et qui provoquent compétition, carriérisme, défiance, jalousies ».*

N'est-ce pas ce qu'est appelé à vivre un couple chrétien ? En effet, conscient de la vocation qui est la sienne, le foyer chrétien est appelé à être un signe sacramentel de cette communion à laquelle nous sommes tous appelés non seulement avec Dieu mais également au cœur de l'Église. Communauté de vie et d'amour, le foyer est l'icône éclatante de la communion trinitaire, de la communion de Dieu qui ne fait qu'une seule chair avec l'humanité dans l'Incarnation du Fils bien-aimé, de la communion scellée dans le sang du Christ, de la communion de l'assemblée ecclésiale. Belle vocation que l'Église vous confie aujourd'hui et que vous êtes appelés à vivre avec l'aide de la grâce de Dieu.

La deuxième réflexion qui me vient à l'esprit du fait de cette coïncidence de date prend sa source dans le lien profond qui existe entre les deux sacrements de l'Alliance que sont l'Eucharistie et le Mariage. Je ne peux développer cela dans le cadre de ces quelques mots. Mais, j'aimerais simplement relever que dans le sacrifice eucharistique est célébrée l'alliance d'amour entre le Christ et l'Église. Cette alliance qui est scellée dans le sacrifice du Seigneur Jésus sur la Croix. Or c'est dans ce sacrifice de l'alliance que les époux peuvent venir puiser le renouvellement de leur amour, de leur alliance conjugale. Ils peuvent venir y enraciner leur charité en communion au seul pain qui fait d'eux un seul corps dans le Christ Jésus.

Or la finalité du Sacerdoce est l'Eucharistie. Dans la célébration de l'Eucharistie, le prêtre accomplit pleinement ce pour quoi il a été appelé et ordonné sans aucun mérite de sa part. En tant que membre de la communauté, le prêtre est appelé à la sainteté comme tout baptisé. En tant qu'il est face à la communauté, le prêtre est appelé à être au service de cette sainteté du Peuple de Dieu. Aussi, ce que les époux chrétiens sont appelés à signifier dans leur alliance conjugale vécue dans l'Amour, le lieu qu'est l'Eucharistie et où s'enracine la vérité de leur vie conjugale, et bien cela les prêtres sont appelés à le célébrer comme serviteur de la grâce de Dieu pour le salut du monde.

Pauline et Stanislas, au terme de ces quelques réflexions, j'aimerai vous dire un grand merci. Oui, merci d'avoir accueilli la vocation qui est la vôtre au cœur de l'Église notre mère. Merci de choisir de nous montrer combien la communion vécue dans l'amour est essentielle à la vie et au témoignage chrétien. Merci d'accueillir la source de l'Eucharistie comme lieu de ressourcement de votre amour pour la Gloire de Dieu et le Salut du monde.

Ainsi qu'il nous l'a été dit au jour de mon ordination, Pauline et Stanislas, que Dieu lui-même achève en vous ce qu'il a commencé.

« Maître, où demeures-tu ? » - « Venez et voyez »

Deuxième Partie

En vivant de l'Esprit Saint...

« L'Esprit Saint par sa grâce, est premier dans l'éveil de notre foi et dans la vie nouvelle qui est de "connaître le Père et celui qu'il a envoyé, Jésus-Christ" (Jn 17, 3). Cependant il est dernier dans la révélation des Personnes de la Trinité Sainte. (…)

« L'Esprit Saint est à l'œuvre avec le Père et le Fils du commencement à la consommation du dessein de notre salut. Mais c'est dans les "derniers temps", inaugurés avec l'Incarnation rédemptrice du Fils, qu'Il est révélé et donné, reconnu et accueilli comme Personne. Alors ce dessein divin, achevé dans le Christ, "Premier-Né" et Tête de la nouvelle création, pourra prendre corps dans l'humanité par l'Esprit répandu : l'Église, la communion des saints, la rémission des péchés, la résurrection de la chair, la vie éternelle. »

Ces deux citations du *Catéchisme de l'Église Catholique* (n° 684 et 686) nous montrent combien la foi en l'Esprit Saint s'inscrit pleinement dans la vie chrétienne, tout en gardant une dimension bien mystérieuse. En effet, souvent on ne prend pas conscience de la présence de l'Esprit Saint non seulement par ce que nous en dit le Fils, mais également son action dans le dessein de Dieu et donc au cœur de notre vie.

« "Nul ne connaît ce qui concerne Dieu, sinon l'Esprit de Dieu" (1 Co 2, 11). Or, son Esprit qui le révèle nous fait connaître le Christ, son Verbe, sa Parole vivante, mais ne se dit pas lui-même. Celui qui "a parlé par les prophètes" nous fait entendre la Parole du Père. Mais lui, nous ne l'entendons pas. Nous ne le connaissons que dans le mouvement où il nous révèle le Verbe et nous dispose à L'accueillir dans la foi. L'Esprit de Vérité qui nous "dévoile" le Christ "ne parle pas de lui-même" (Jn 16, 13). Un tel effacement, proprement divin, explique pourquoi "le monde ne peut pas le recevoir, parce qu'il ne le voit pas ni ne le connaît", tandis que ceux qui croient au Christ le connaissent parce qu'il demeure avec eux (Jn 14, 17) »[14].

Dans cette partie, nous allons accueillir la révélation de l'Esprit Saint au travers de plusieurs articles[15]. Dans un dernier chapitre sera proposée une prière à l'Esprit Saint.

---

[14] *Catéchisme de l'Église Catholique*, n° 687.
[15] Ces articles ont été écrits à l'aide du livre de Monseigneur André-Mutien Léonard, *Viens Esprit Créateur !* Édition de l'Emmanuel, 1997.

Chapitre 1
L'Esprit Saint dans la première Alliance

Lorsque que nous professons notre foi, nous disons de tout notre cœur que l'Esprit Saint a parlé par les prophètes. C'est pourquoi, méditant sur la présence active de la Troisième Personne de la Sainte Trinité, non seulement en Jésus mais aussi dans l'Église et donc en chacun d'entre nous, il nous est nécessaire de remonter jusqu'aux promesses faites à Israël.

D'ailleurs, Jean Paul II dans sa lettre encyclique sur l'Esprit Saint, datant de mai 1986, nous encourage à le faire :

> « En considérant ce motif du Jubilé, il n'est pas possible de se limiter aux deux mille ans écoulés depuis la naissance du Christ. Il faut remonter en arrière, embrasser aussi toute l'action de l'Esprit Saint avant le Christ – depuis le commencement – dans le monde entier et spécialement dans l'économie de l'Ancienne Alliance. Cette action, en effet, en tout lieu et en tout temps, même en tout homme, s'est accomplie selon l'éternel dessein de salut, dans lequel elle est étroitement unie au mystère de l'Incarnation et de la Rédemption ; ce mystère avait lui-même exercé son influence sur ceux qui croyaient au Christ à venir. »

Juste une toute petite parenthèse dans notre réflexion. Vous avez pu voir le mot « économie » dans la citation de Jean Paul II. Ce terme n'a ici rien à voir avec la gestion des richesses matérielles. Il s'agit, conformément à l'étymologie première du mot grec, de « l'ordonnancement », de la sage « disposition », selon lesquels Dieu déploie dans le temps le salut de l'homme.

Mais continuons notre réflexion. Le mot hébreu traduit par « Esprit » est « rouach », lequel désigne originellement le vent, puissance cosmique souvent divinisée en Proche Orient. Dans la Bible, au contraire, il n'est jamais employé pour une réalité intérieure au monde (comme le souffle de la vie humaine par exemple), mais il est toujours rapporté à l'action de Dieu Lui-même. Certes, sa nature personnelle n'apparaît pas encore clairement. Il s'agit plutôt d'une force encore anonyme, mais d'origine divine, intervenant dans la vie des hommes et du peuple en même temps que dans le cosmos.

Ainsi, cette force de l'Esprit de Dieu est une force de salut, capable de transformer des personnalités humaines afin d'éveiller en elles un comportement exceptionnel qui confortera le peuple dans sa vocation à l'alliance avec le Dieu saint d'Israël. Il faudrait reprendre toute l'histoire des Juges et des Rois pour bien s'en rendre compte (cf par exemple Jg 6, 34 ; 14, 6 ; 1S 10, 1.6 ; 11, 6 ; 16, 13). Des hommes frustres sont remodelés par la puissance de l'Esprit du Seigneur et reçoivent de Dieu une mission particulière pour libérer le Peuple d'Israël.

Les « Messies » régnants, les Rois, sont souvent décevants par leur infidélité à l'Alliance. C'est pourquoi, sous l'impulsion des prophètes, se développe après l'Exil un messianisme royal qui espère un Roi futur dont l'onction directe par Dieu lui-même fera non plus seulement « un » Messie, mais « LE » Messie, fils adoptif du Seigneur, entièrement pénétré par l'Esprit de Dieu qui « reposera » sur lui en plénitude (cf Is 11, 1-2). Remarquez que ces versets du prophète Isaïe sont repris dans la liturgie de l'Église pendant le temps de l'Avent, c'est-à-dire alors que nous nous préparons à accueillir le Christ.

La deuxième facette de l'œuvre de l'Esprit dans l'Ancien Testament se situe dans l'ordre du témoignage, par le pouvoir éclairant de la Parole. La sanctification du Peuple se fait non seulement par la force transformatrice de l'Esprit mais aussi par la puissance du témoignage des Prophètes. D'ailleurs, les grands Prophètes ont conscience d'être habités par l'Esprit de Dieu et, en pleine possession de leurs moyens, ils obéissent à une pression intérieure qu'ils assument avec toute leur conscience et qui les amène à *« parler au nom de Dieu »* (cf Am 3, 8 ; 7, 14-15 ; Jr 20, 7-9). Ainsi apparaît le lien entre l'Esprit de Dieu et la Parole de Dieu. Il se laisse déjà percevoir dans la célèbre rencontre d'Élie avec Dieu sur l'Horeb (cf 1R 19, 9-18). Investis puissamment par la Parole de Dieu, les prophètes deviennent des témoins par le ministère desquels l'Esprit éduque le peuple et rend gloire au Dieu de l'Alliance.

L'Esprit Saint sanctifie le Serviteur du Seigneur (cf Is 42, 1), qu'est le Christ par excellence et que nous sommes appelés à devenir par la grâce de notre baptême. L'Esprit qui comble le Serviteur apparaît clairement comme Celui qui consacre et sanctifie l'Élu du Seigneur, et tout son Peuple.

En effet, l'Esprit Saint est appelé à se répandre un jour sur tout le peuple comme une pluie bienfaisante (cf Is 32, 15 ; 44, 3), comme un souffle qui rend la vie à des ossements desséchés (cf Ez 37, 1-14). Parmi beaucoup d'autres textes (cf Is 59, 21 ; Jr 31, 31-34 ; Ps 51, 17 ; 143, 10 ; Za 12, 10), les deux témoins les plus éloquents de ce renouvellement des cœurs, de ce renouveau de l'Alliance, réalisés par l'effusion universelle de l'Esprit, sont les prophètes Joël et Ézéchiel. Joël, tout d'abord, dans ce passage que Pierre cite au jour de la Pentecôte parce qu'il vient d'en expérimenter l'accomplissement :

> *« Après cela je répandrai mon Esprit sur toute chair. Vos fils et vos filles prophétiseront, vos anciens auront des songes, vos jeunes gens des visions. Même sur les esclaves, hommes et femmes, en ces jours-là, je répandrai mon Esprit »* (Jl 3, 1-2).

Ézéchiel, ensuite, dans ce passage ruisselant d'eau et d'Esprit Saint. On le lit la nuit de Pâques :

> *« Je répandrai sur vous une eau pure et vous serez purifiés ; de toutes vos souillures et de toutes vos idoles je vous purifierai. Et je vous donnerai un cœur nouveau, je mettrai en vous un esprit nouveau, j'ôterai de votre chair le cœur de pierre et je vous donnerai un cœur de chair. Je mettrai mon Esprit en vous et je ferai que vous marchiez selon mes lois et que vous observiez et suiviez mes coutumes »*
> (Ez 36, 25-27 ; cf Ez 11, 17-21).

Certes, il ne s'agit encore que d'une promesse formulée au futur : *« Je répandrai mon Esprit sur la maison d'Israël »* (Ez 39, 29). Elle ne se réalisera qu'avec la venue du Christ rempli de l'onction de l'Esprit, et l'effusion de cet Esprit à la Pentecôte. La Première Alliance en demeure au désir : *« Ah ! si tu déchirais les cieux et si tu descendais... »* (Is 63, 19). Mais quel désir ardent, et quel accomplissement !

À travers tout l'Ancien Testament, nous assistons au déploiement progressif d'une double promesse : celle qui concerne la venue du Messie et celle qui concerne l'effusion de l'Esprit. Le premier apportera en plénitude la Parole de Dieu ; le second apportera le Souffle qui intériorise l'énergie sanctifiante de la Parole.

Les évangiles accomplissent cette double promesse en montrant Jésus l'Envoyé du Père et en rapportant l'annonce faite par Jésus de la venue imminente de l'Esprit qui vient à la fois du Père et de Lui. La contemplation de cette double promesse nous conduit véritablement au cœur du mystère Trinitaire.

« Maître, où demeures-tu ? » - « Venez et voyez »

Chapitre 2

L'Esprit Saint et Jésus

« Reste avec nous, Seigneur, car le soir tombe et le jour déjà touche à son terme ; et il entra pour demeurer avec eux » (Lc 24, 29).

Ces quelques mots des disciples d'Emmaüs viennent à notre cœur lorsque nous méditons les mystères de la vie de Jésus. Oui, nous désirons que le Christ demeure avec nous. Et pourtant, le jour de l'Ascension, le Seigneur est monté vers le Père en ayant promis auparavant à ses disciples : *« Et voici, je suis avec vous tous les jours jusqu'à la fin des temps »* (Mt 28, 20).

La venue de Jésus en ce monde a marqué le tournant de l'histoire universelle. À tel point que, désormais, nous comptons les années selon qu'elles se situent avant ou après Jésus-Christ. L'événement de l'Incarnation signifie l'entrée définitive de Dieu, en personne, dans la vie des hommes. Or c'est par l'action de l'Esprit Saint que le Fils de Dieu est devenu homme dans le sein de la Vierge Marie. Le récit de l'Annonciation en l'évangile de saint Luc nous dit bien cela (cf Lc 1, 35). L'Église a d'ailleurs condensé cette foi dans le Credo que nous proclamons avec toute l'Église lors de la Messe dominicale : « Par l'Esprit-Saint, Il a pris chair de la Vierge Marie, et s'est fait homme. »

Ainsi, regarder la personne de Jésus-Christ, célébrer la personne de Jésus-Christ, c'est aussi nous tourner vers la Personne divine qui a réalisé l'Incarnation, à savoir l'Esprit-Saint. Il est d'ailleurs frappant que saint Paul, aussitôt après avoir affirmé notre adoption filiale grâce à l'envoi du Fils en ce monde, poursuit en évoquant l'envoi de l'Esprit Saint répandu en nos cœurs afin que nous vivions vraiment comme des fils adoptifs.

> *« Quand vint la plénitude du temps, Dieu envoya son Fils, né d'une femme, (...) afin qu'il nous soit donné d'être fils adoptifs. Et la preuve que vous êtes des fils, c'est que Dieu a envoyé dans nos cœurs l'Esprit de son Fils qui crie : "Abba, Père !" Aussi n'es-tu plus esclave mais fils ; fils, et donc héritier de par Dieu »* (Ga 4, 4-7).

On ne peut donc vivre en fidèle du Christ autrement que dans l'Esprit Saint. On ne peut témoigner de la personne de Jésus-Christ au cœur du monde autrement que dans l'Esprit Saint. D'ailleurs, ceux que nous désirons évangéliser ne pourront reconnaître le Christ que dans l'Esprit Saint, d'où l'importance de l'invoquer pour eux.

Jésus est présent au milieu de nous. Mais comment peut-il être présent durant ce temps de l'Église que nous vivons ? Comment est-il avec nous tous les jours jusqu'à la fin du monde alors que, apparemment, nous ne le voyons pas ? Comment n'appartient-il pas au passé, mais à notre « aujourd'hui » le plus actuel ? La réponse tient en quelques mots : grâce à l'Esprit Saint a l'œuvre dans l'Église et dans le monde.

Une analogie nous aidera à comprendre plus intuitivement ce rôle de l'Esprit Saint : l'analogie de la mémoire. Comment, dans notre vie quotidienne, la réalité vécue dans le passé demeure-t-elle active dans notre présent ? Grâce à notre mémoire. Par cette précieuse faculté, le passé continue à agir aujourd'hui et demeure ainsi en quelque sorte présent. C'est pourquoi, à l'inverse, une personne est si démunie dans sa vie présente quand elle perd la mémoire du passé. Eh bien, l'Esprit est, en quelque sorte, la mémoire vivante du Christ dans l'aujourd'hui de l'Église. Sans l'Esprit Saint, Jésus appartiendrait simplement au « passé » de l'humanité et risquerait d'être « dépassé » par le cours ultérieur de l'histoire. L'Esprit Saint, par contre, en est la mémoire personnelle permanente. Mais, alors que notre mémoire est seulement une faculté impersonnelle de notre esprit, l'Esprit Saint est une Personne divine qui est, dans le monde, la mémoire vive de Jésus, son actualité toujours jeune. Aussi Jésus déclare-t-il : *« L'Esprit Saint que le Père enverra en mon nom vous enseignera toute chose et vous rappellera tout ce que je vous ai dit »* (Jn 14, 26).

Si nous pouvons vivre de Jésus et intérioriser en nos vies sa mort et sa résurrection, c'est grâce à l'action de l'Esprit Saint au cœur de toutes les réalités qui nous le rendent actuellement présent.

C'est l'Esprit Saint, envoyé après Jésus mais de même dignité que lui, qui nous fait vivre aujourd'hui de la réalité du Christ. Cela se passe à travers une multitude d'intermédiaires suscités par l'Esprit Saint et habités de sa présence. Réfléchissons-y un instant : comment notre intelligence a-t-elle été mise en contact avec la vérité du Christ, sinon à travers des témoignages de membres de l'Église (parents, prêtres, catéchistes, enseignants, religieux et religieuses ou autres témoins) qui, d'une manière ou d'une autre, nous ont branché sur l'Écriture Sainte, la Tradition des Apôtres, le Magistère de l'Église, c'est-à-dire autant de réalités dont la foi nous dit qu'elles sont soit inspirées, soit guidées, soit assistées de l'Esprit Saint ? Et comment notre volonté a-t-elle été stimulée à se mettre pratiquement à l'école du bien que nous propose le Christ, sinon à travers la prière du cœur et la pratique des sacrements dont on nous dit, pour la première, qu'elle est le fruit de l'Esprit Saint et, pour les seconds, qu'ils sont habités par sa puissance divine ?

Le Catéchisme de l'Église Catholique résume très bien cela en son paragraphe 688 :

> « L'Église, communion vivante dans la foi des apôtres qu'elle transmet, est le lieu de notre connaissance de l'Esprit Saint :

- dans les Écritures qu'Il a inspirées ;
- dans la Tradition, dont les Pères de l'Église sont les témoins toujours actuels ;
- dans le Magistère de l'Église qu'Il assiste ;
- dans la liturgie sacramentelle (…), où l'Esprit nous met en communion avec le Christ ;
- dans la prière dans laquelle Il intercède pour nous ;
- dans les charismes et les ministères par lesquels l'Église est édifiée ;
- dans les signes de vie apostolique et missionnaire ;
- dans le témoignage des saints où Il manifeste sa sainteté et continue l'œuvre de salut ».

« Maître, où demeures-tu ? » - « Venez et voyez »

Chapitre 3
L'Esprit Saint dans l'Église naissante

Comme nous le retrouvons dans le livre des Actes des Apôtres, l'Esprit Saint est partout présent dans l'Église naissante. En effet, c'est Lui qui dirige et inspire le témoignage des Apôtres et l'élan de toute l'Église missionnaire. C'est Lui qui inspire aux Apôtres ou à leurs collaborateurs ce qu'ils doivent faire, entreprendre ou ne pas entreprendre.

Dans le livre des Actes des Apôtres, le Saint Esprit est conjointement l'âme de la communauté qu'Il comble de croissance et de joie (cf Ac 9, 31) et le feu qui, s'étant divisé à la Pentecôte en flammes individuelles, embrase des personnes singulières, comme c'est le cas éminemment pour Étienne (cf Ac 6, 5-10 ; 7, 55-60).

Mais il est important de noter que cette présence de l'Esprit Saint est celle d'une Personne vivante et non d'un principe impersonnel. Il s'agit d'une Personne infiniment discrète qui, en dépit de sa puissance divine, ne se met pas elle-même en évidence. Constamment, l'Esprit Saint agit avec force, non pas en attirant le regard sur ses propres traits, mais en s'effaçant au profit de l'Église et de Jésus. Il ne s'exprime pas lui-même autrement que dans l'élan de feu qu'il insuffle à l'Église et dans le témoignage qu'il rend à Jésus.

En d'autres termes, l'Esprit Saint est l'Esprit de Jésus : il fait répéter les gestes de Jésus, annoncer la parole de Jésus (cf Ac 4, 30 ; 5, 42), redire la prière de Jésus (cf Ac 7, 59-60), perpétuer par la fraction du pain l'action de grâce de Jésus. De plus, Il maintient entre les frères l'union (cf Ac 2, 42) qui groupait les disciples autour de Jésus. Impossible de songer à la persistance d'habitudes prises à son contact, à une volonté délibérée de reproduire son existence. Vivant avec eux, il lui avait fallu toute la force de sa personnalité pour les garder autour de lui. Maintenant que les disciples ne voient plus Jésus, et bien qu'ils sachent par son exemple à quoi ils s'exposent, les disciples du Seigneur suivent les traces de leur Maître spontanément car, au jour de la Pentecôte, ils ont reçu l'Esprit Saint.

Il est donc clair que c'est à partir de l'expérience spirituelle consignée dans les Actes des Apôtres que les Apôtres eux-mêmes ont déchiffré rétrospectivement le sens profond de tout ce qu'ils avaient vécu avec Jésus. Comme le Seigneur le leur avait promis :

« Je vous ai dit cela tandis que je demeurais près de vous. Mais le Paraclet, l'Esprit Saint, que le Père enverra en mon nom, lui, vous enseignera tout et vous rappellera tout ce que je vous ai dit. »
(Jn 14, 25-26).

Ainsi, de proche en proche, les Apôtres ont enfin compris le sens de l'Ascension de Jésus, la portée des apparitions qui l'avaient précédée, la signification de sa Résurrection glorieuse après le scandale de la mort en croix et finalement, ils ont saisi l'enjeu de toute la vie terrestre de Jésus. Ils ont notamment perçu comment l'Esprit reçu à la Pentecôte était celui qui, dès le début, avait habité Jésus et qu'il leur avait promis au terme de sa vie en ce monde. Oui, Jésus est véritablement la Demeure et la Source de l'Esprit Saint. Ce qu'il est lui-même, nous sommes appelés à le devenir nous aussi par grâce de Dieu :

« Le dernier jour de la fête, le grand jour, Jésus, debout, s'écria : "Si quelqu'un a soif, qu'il vienne à moi, et qu'il boive, celui qui croit en moi !" selon le mot de l'Écriture : De son sein couleront des fleuves d'eau vive.

> *Il parlait de l'Esprit que devaient recevoir ceux qui avaient cru en lui ; car il n'y avait pas encore d'Esprit, parce que Jésus n'avait pas encore été glorifié.* » (Jn 7, 37-39).

C'est certain, la référence première et ultime de notre vie chrétienne, c'est le Christ. C'est Lui qui nous justifie. C'est Lui qui nous sauve. C'est Lui qui nous donne de participer à sa vie. Mais rappelons-nous que c'est par le baptême que nous avons été incorporés au Christ. Or, au jour de notre baptême, nous avons été plongés dans l'eau et l'Esprit Saint. En d'autres termes, disciples de Jésus nous sommes devenus Temple de l'Esprit Saint.

C'est pourquoi, nous pouvons dire en toute vérité que le rôle de l'Esprit Saint dans la primitive Église, Il le joue encore de nos jours dans l'Église. Il est véritablement l'Esprit de Jésus qui vient nous donner d'accomplir ce que Jésus a fait lui-même. Il nous permet de rester communion les uns aux autres. Il nous permet d'être toujours plus dans une union profonde avec le Seigneur Jésus. Ainsi l'Esprit Saint nous donne de construire l'Église.

Mais, de plus, l'Esprit Saint agit au cœur de notre vie pour qu'à notre tour nous puissions le donner à nos frères. C'est l'Esprit qui nous donne de proclamer que Jésus est Seigneur. C'est l'Esprit Saint qui nous permet d'aller vers nos frères pour leur annoncer la Bonne Nouvelle et l'Espérance qui nous animent. C'est l'Esprit Saint qui nous permet de vivre en disciple du Christ et d'ainsi vivre un authentique témoignage de vie. C'est l'Esprit Saint qui prépare les cœurs des hommes, afin qu'à leur tour ils puissent recevoir la Parole et lui donner de germer dans leur vie. Rappelons-nous ce que Jésus a dit :

> *« Si vous m'aimez, vous garderez mes commandements ; et je prierai le Père et il vous donnera un autre Paraclet, pour qu'il soit avec vous à jamais, l'Esprit de Vérité, que le monde ne peut pas recevoir, parce qu'il ne le voit pas ni ne le reconnaît. Vous, vous le connaissez, parce qu'il demeure auprès de vous. Je ne vous laisserai pas orphelins. Je viendrai*

vers vous. » (Jn 14, 15-18).

Rappelons-nous les Apôtres. Malgré leur amour et leur générosité, ils se montrent incapables de comprendre les paroles de Jésus et réticents à le suivre. Mais, par le don de l'Esprit Saint, ils deviennent des témoins courageux du Christ et annonciateurs éclairés de sa Parole. C'est l'Esprit qui les conduira sur les chemins ardus et nouveaux de l'évangélisation. Ainsi que le dit saint Paul : « *Ce n'est plus moi qui vis, c'est le Christ qui vit en moi* » (Ga 2, 20).

Nous le savons que trop, la mission est difficile mais merveilleuse. La mission requiert le courage et la lumière de l'Esprit Saint. Alors invoquons l'Esprit Saint pour que Dieu nous donne l'audace de proclamer l'Évangile en nous laissant conduire par Lui à toute la Vérité (cf Jn 16, 13).

« Maître, où demeures-tu ? » - « Venez et voyez »

Chapitre 4
La présence de l'Esprit Saint en nos vies

Par la grâce de notre baptême, nous sommes disciples du Christ. Toute notre vie chrétienne a comme centre la Personne de Jésus-Christ, notre Rédempteur. C'est pourquoi, il nous faut chaque jour ouvrir notre cœur pour accueillir le Christ Rédempteur. Cette vérité a pour conséquence qu'il n'est pas toujours facile de bien comprendre la place de l'Esprit Saint dans notre vie. Certes, il vient nous sanctifier et, en nous donnant d'accueillir Jésus, il nous donne de vivre une transformation intérieure d'Amour. C'est l'Esprit Saint qui nous permet d'aller avec courage vers nos frères les hommes pour leur annoncer la Bonne Nouvelle du salut. Mais ceci étant dit, comment l'Esprit Saint est-Il présent au cœur de notre vie ?

Si nous regardons les Apôtres. Durant la vie terrestre de Jésus, ils ne se sont guère rendu compte de la présence plénière de l'Esprit Saint en Lui. Pour en prendre conscience, ils ont eu besoin de recevoir eux-mêmes le Saint Esprit au moment de la Pentecôte pour pouvoir relire les gestes et les paroles du Seigneur à la lumière de cette expérience. D'ailleurs dans son discours juste après cette expérience bouleversante, nous entendons Pierre dire :

> « *Et maintenant, exalté par la droite de Dieu, (Jésus) a reçu du Père l'Esprit Saint, objet de la promesse, et l'a répandu. C'est là ce que vous voyez et entendez* » (Ac 2, 33).

Ainsi l'Esprit Saint, on ne Le voit pas, mais Il est véritablement à l'œuvre. C'est en regardant ce qu'Il fait qu'on peut se rendre pleinement compte de sa présence agissante.

La lecture de l'Évangile nous montre que la venue de l'Esprit Saint est liée au « départ » de Jésus. Par exemple dans l'évangile de saint Jean, après avoir rapporté la promesse de Jésus que des fleuves d'eau vive couleront du sein de ceux qui croiront en lui (cf Jn 7, 38), l'évangéliste commente :

> *« Il parlait de l'Esprit que devaient recevoir ceux qui croient en lui ; car il n'y avait pas encore d'Esprit, parce que Jésus n'avait pas encore été glorifié »* (Jn 7, 39).

Certes, Jean ne veut pas dire par là que l'Esprit Saint n'« existait » pas encore avant la glorification de Jésus, mais que c'est seulement avec sa mort et sa résurrection que l'Esprit fut « répandu » au cœur de l'Église et du monde. C'est en recevant l'Esprit Saint, que les Apôtres ont compris le sens profond des promesses que Jésus leur avait faites au sujet de l'effusion de l'Esprit. En effet, pendant qu'Il était avec eux, c'est Lui qui était leur Défenseur, c'est-à-dire leur « Paraclet », celui auquel on fait appel pour être défendu. C'est pourquoi au moment de son départ, Jésus promet un autre Paraclet qui leur sera envoyé par le Père.

L'essentiel de cette promesse nous est rapporté dans le discours de Jésus au moment de la Cène. Il faudrait reprendre l'ensemble des chapitres 14, 15 et 16 de l'Évangile selon saint Jean. Regardons quelques versets.

En premier lieu, entendons ce que dit Jésus :

> *« Je prierai le Père et il vous donnera un autre Paraclet, pour être avec vous à jamais, l'Esprit de Vérité (...) Le Paraclet, l'Esprit Saint, que le Père enverra en mon nom, vous enseignera tout et vous rappellera tout ce que je vous ai dit »* (Jn 14, 16-17.26)

Quatre points sont à noter ici :

1. Il ne s'agit plus désormais d'une venue exceptionnelle de l'Esprit, mais d'une présence permanente ;
2. L'Esprit sera un second Paraclet, en plus de Jésus et après lui ;
3. C'est le Père qui, au nom de Jésus, enverra l'Esprit Paraclet ;
4. La mission de l'Esprit est de demeurer avec les disciples et d'être auprès d'eux la mémoire vivante et personnelle de Jésus.

Si nous continuons notre lecture de ces chapitres de l'Évangile selon saint Jean, nous trouvons :

« Quand viendra le Paraclet, que je vous enverrai d'auprès du Père, l'Esprit de Vérité, qui procède du Père, il me rendra témoignage. Et vous aussi, vous témoignerez, parce que vous êtes avec moi depuis le commencement » (Jn 15, 26-27).

Il nous faut relever ici deux points :

1. Cette fois, c'est Jésus qui envoie le Paraclet d'auprès du Père ;
2. La mission de l'Esprit est de rendre témoignage à Jésus, ce qui entraînera aussi le témoignage des disciples, ainsi que cela se vérifie le jour de la Pentecôte, où l'Esprit, simultanément, accrédite Jésus et fait des Apôtres des témoins pleins d'assurance.

Enfin, considérons les derniers versets concernant la Promesse de la venue de l'Esprit Saint :

« Je vous dit la vérité : il vaut mieux pour vous que je parte ; car si je ne pars pas, le Paraclet ne viendra pas à vous ; mais si je pars, je vous l'enverrai. Et quand il viendra, il confondra le monde en matière de péché, de justice et de jugement ; de péché, parce qu'ils ne croient pas en moi ; de justice, parce que je vais vers le Père et que vous ne me verrez plus ; de jugement parce que le Prince de ce monde est condamné. J'ai encore beaucoup de choses à vous dire, mais vous ne pouvez pas les

porter maintenant. Quand viendra, lui, l'Esprit de vérité, il vous conduira vers la vérité tout entière ; car il ne parlera pas de lui-même ; mais tout ce qu'il entendra, il le dira, et il vous annoncera les choses à venir. Il me glorifiera, car c'est de mon bien qu'il prendra pour vous en faire part. Tout ce qu'a le Père est à moi. Voilà pourquoi j'ai dit : C'est de mon bien qu'il prendra pour vous en faire part » (Jn 16, 7-15).

Cinq points sont à reprendre ici :

1. La venue de l'Esprit est liée au départ de Jésus ;
2. C'est Jésus qui enverra le Paraclet ;
3. Sa mission sera, tout d'abord, de manifester l'erreur du monde en matière de péché (puisqu'il n'a pas cru en Jésus), de justice (puisque, retournant au Père par sa Résurrection, Jésus sera manifesté comme « juste ») et de jugement (puisque, tout en cherchant à sauver le monde, le Père aura condamné à jamais le Prince de ce monde, Satan) ;
4. Sa mission sera, ensuite, de conduire les disciples vers la vérité tout entière ;
5. Ce faisant, il glorifiera Jésus autant que le Père, selon un principe de communion.

Ces différents versets peuvent sembler un peu vagues et flous, mais ils nous donnent une véritable carte d'identité de l'Esprit Saint. À partir des différents éléments que nous avons pu relever ensemble, il peut être bon d'établir cette carte d'identité.

En effet, dans notre vie chrétienne, qui fait de nous des missionnaires, l'Esprit Saint est véritablement à l'œuvre et il nous faut être disponible pour le reconnaître comme agissant non seulement pour nous-même mais aussi pour ceux qui nous entourent et vers qui nous allons annoncer la Bonne Nouvelle.

L'Esprit Saint nous donne d'aimer comme Jésus nous aime et donc de vivre en profondeur la charité. Ainsi, en accueillant inlassablement l'Esprit Saint dans notre vie, nous vivrons en disciple du Christ. Alors nous serons témoins de la Charité du Christ pour les hommes, à travers notre présence et notre soutien, mais aussi à travers notre témoignage de vie chrétienne et notre annonce explicite de la Bonne Nouvelle de l'Évangile.

Chapitre 5

Le Christ pleinement consacré par l'onction de l'Esprit Saint

L'événement de la Pentecôte a poussé les Apôtres à approfondir leur connaissance du mystère de la personne de Jésus-Christ. Ainsi, si Jésus a pu promettre et donner l'Esprit Saint, c'est que Lui-même en est totalement rempli. Il nous faut donc, avec les Apôtres, faire la même démarche en considérant Jésus, le Christ, comme étant pleinement habité par l'Esprit.

La révélation décisive de la plénitude de l'habitation de l'Esprit Saint en la personne du Christ, cette révélation nous est donnée au moment du baptême de Jésus. Écoutons ce que nous en dit l'évangéliste saint Marc :

> *« En ce temps-là, Jésus vint de Nazareth de Galilée et il fut baptisé par Jean dans le Jourdain. Au moment où il remontait de l'eau, il vit les cieux se déchirer et l'Esprit comme une colombe descendre sur lui ; et des cieux vint une voix : "Tu es mon Fils bien-aimé, tu as toute ma faveur". »*
> (Mc 1, 9-11).

Cet événement avait été préparé par la prédication ardente de saint Jean-Baptiste. En effet, ce dernier avait dit :

> *« Pour moi, je vous baptise dans l'eau en vue du repentir ; mais celui qui*

> *vient derrière moi est plus puissant que moi, et je ne suis pas digne d'enlever ses chaussures ; lui vous baptisera dans l'Esprit Saint et le Feu »* (Mt 3, 11).

Au moment du baptême de Jésus, il est difficile de dire ce qui a pu réellement se passer. Ce qui est certain, c'est que quelque chose s'est produit qui a persuadé les premiers disciples, et Jean Baptiste lui-même, que l'Esprit, avec la venue de Jésus, faisait son entrée définitive, ultime, dans le monde, dans l'histoire de l'humanité. C'est ainsi que, comme Jean Baptiste l'avait pressenti, le baptême d'eau devient, avec Jésus, le baptême dans l'Esprit Saint.

> *« J'ai vu l'Esprit telle une colombe descendre du ciel et demeurer sur lui. Et moi je ne le connaissais pas, mais celui qui m'a envoyé baptiser dans l'eau m'avait dit : Celui sur qui tu verras l'Esprit descendre et demeurer, c'est lui qui baptise dans l'Esprit Saint. Oui, j'ai vu et j'atteste que c'est lui, l'Élu de Dieu »* (Jn 1, 32-34).

Nous retrouvons cela dans le rituel du baptême lorsque, au moment de l'onction avec le Saint Chrême, le prêtre dit :

> « Tu es maintenant baptisé : le Dieu Tout-puissant, Père de Jésus, le Christ, notre Seigneur, t'a libéré du péché et t'a fait renaître de l'eau et de l'Esprit Saint. Désormais, tu fais partie de son peuple, tu es membre du Corps du Christ et tu participes à sa dignité de prêtre, de prophète et de roi. Dieu te marque de l'huile du salut afin que tu demeures dans le Christ pour la vie éternelle ».

Ainsi, ce que Jésus est par nature, rempli de l'Esprit Saint, le baptisé le devient par grâce.

Rempli de l'Esprit Saint, Jésus agit constamment dans l'Esprit Saint. En effet, poussé par l'Esprit Saint au désert pour y affronter Satan (cf Lc 4, 1 et Mt 4, 1), Jésus inaugure sa mission dans la puissance de l'Esprit (Lc 4, 14) et, dans la synagogue de Nazareth, s'applique à lui-même le passage messianique d'Isaïe (Is

61, 1) :

> « *L'Esprit du Seigneur est sur moi, parce qu'il m'a consacré par l'onction. Il m'a envoyé porter la bonne nouvelle aux pauvres, annoncer aux captifs la délivrance et aux aveugles le retour à la vue, rendre la liberté aux opprimés, proclamer une année de grâce du Seigneur* »
> (Lc 4, 18-19).

La suite de l'Évangile nous montrera que Jésus réalise effectivement cette prophétie en expulsant les démons par l'Esprit de Dieu (cf Mt 12, 28) ainsi que par l'ensemble des miracles.

Jésus apparaît, donc, dans l'Évangile comme étant constamment mû de l'intérieur par cette puissance personnelle de l'Esprit Saint qui l'habite. C'est pourquoi, à la différence des prophètes d'Israël, des signes extatiques liés à une irruption extérieure de l'Esprit Saint sont absents chez Jésus. En effet, Jésus ne ressent pas l'Esprit Saint comme une force étrangère mais Il est chez Lui dans l'Esprit Saint, l'Esprit Saint est à Lui, est son propre Esprit (cf Jn 16, 14-15). Le plus bel exemple qui nous montre ce jaillissement intime de l'Esprit Saint en Jésus nous est rapporté par Luc, c'est le *Magnificat* de Jésus :

> « *À cette heure même, (Jésus) tressaillit de joie sous l'action de l'Esprit Saint et dit : "Je te bénis, Père, Seigneur du ciel et de la terre..."* »
> (Lc 10, 21).

D'autres passages de l'Évangile seraient à relever, citons simplement cet ultime témoignage de Jean Baptiste, le Précurseur, concernant Jésus :

> « *Celui que Dieu a envoyé prononce les paroles de Dieu, qui lui donne l'Esprit sans mesure* » (Jn 3, 34).

Cette présence intime et dynamique de l'Esprit Saint à l'ensemble de la vie de Jésus culmine dans le mystère pascal de sa mort et de sa résurrection. En cette Heure où Jésus va librement jusqu'au bout de la volonté du Père de sauver le monde entier (cf Jn 3, 16), il s'abandonne également sans retour à la puissance de l'Esprit qui l'habite (cf He 9, 14). C'est par le même Esprit que le Père a glorifié Jésus le jour de Pâques. C'est ce que souligne Paul :

> *« Si l'Esprit de Celui qui a ressuscité Jésus d'entre les morts habite en vous, Celui qui a ressuscité le Christ Jésus d'entre les morts donnera aussi la vie à vos corps mortels par son Esprit qui habite en vous »*
> (Rm 8, 11 ; cf aussi 1P 3, 18).

La présence de l'Esprit en Jésus, depuis le baptême au Jourdain jusqu'à la Croix glorieuse, revêt une telle plénitude qu'il est devenu clair, pour les disciples, quand ils relurent sa vie à la lumière de la Pentecôte, que cette présence remontait à l'origine de son être. Les différentes scènes de l'Évangile sont des manifestations de la présence plénière de l'Esprit Saint en Jésus. Cette présence fait partie d'une manière inhérente à son mystère. C'est ce qu'ont voulu rapporter Matthieu et Luc dans le récit de la conception de Jésus dans le sein de la Vierge Marie (cf Mt 1, 20 ; Lc 1, 35).

Ne l'oublions pas, c'est dans l'Esprit Saint que Jésus a accompli sa mission. C'est dans la puissance de l'Esprit Saint que les Apôtres se sont mis en route pour la mission qui était la leur. C'est dans l'Esprit Saint que nous pouvons porter l'Évangile au monde d'aujourd'hui. Plus encore, c'est parce que nous sommes remplis de l'Esprit Saint, par la grâce de notre baptême et de notre confirmation, que nous pouvons aller en mission et évangéliser. Oui, l'Esprit Saint est à l'œuvre et nous sommes appelés à nous unir à Lui dans le témoignage que nous devons donner.

> *« En effet, annoncer l'Évangile, ce n'est pas là mon motif d'orgueil, c'est une nécessité qui s'impose à moi ; malheur à moi si je n'annonçais pas l'Évangile ! »*[16]

---

[16] 1Corinthiens 9,16.

Chapitre 6
Prière à l'Esprit Saint

Esprit Saint, Toi qui reçois même adoration et même Gloire que le Père et le Fils, Tu es celui par qui Dieu un et trine se communique aux hommes, Tu es celui qui nous introduit dans la vérité tout entière nous donnant ainsi d'être plongé dans le mystère de Dieu pleinement révélé dans le Verbe incarné Rédempteur de l'homme. Esprit Saint, toi qui es l'Esprit du Père et du Fils, toi qui es Seigneur et qui donne la vie, viens établir en nous la source de la vie nouvelle et éternelle. Viens Esprit Saint en nos cœurs.

Esprit Saint, Toi qui es le principe vitale de l'Église, Tu es celui qui « la pousse à coopérer à la réalisation totale du dessein de Dieu qui a fait du Christ le principe du salut pour le monde tout entier » (*Lumen Gentium,* n° 17). Tu es celui qui donne à l'Église d'entrer sur le chemin de l'unité dont la source suprême vient de Dieu lui-même. Alors viens en nos cœurs Esprit Saint pour que les mots même de saint Paul s'accomplissent en nos vies et que par nous ils s'accomplissent au cœur de l'Église : « *Que la grâce du Seigneur Jésus Christ, l'amour de Dieu et la communion de l'Esprit Saint soient avec vous tous* » (2Co 13, 13).

Esprit Saint, par Toi le Verbe de Dieu a pris chair de notre chair dans le sein de la Vierge Marie. Tu es celui par qui la vie du Christ naît et grandit dans le cœur des fidèles, Tu es celui qui vient vivifier l'homme en lui donnant de devenir enfant de Dieu. Viens en nos cœurs Esprit Saint afin de raviver notre vie chrétienne, que par ta force nous soyons toujours plus fidèles à la grâce que nous avons reçu au jour de notre baptême et de notre confirmation, que nous puissions vivre en aimant comme Dieu nous aime, en nous donnant comme Dieu se donne.

Esprit Saint, par Toi les Apôtres n'ont plus peur d'aller annoncer la Bonne Nouvelle, Tu as fait d'eux des prophètes qui témoignent de la résurrection du Sauveur par toutes les nations à la suite de Pierre qui annonce en ce jour de Pentecôte : *« Hommes d'Israël, écoutez ce message. Il s'agit de Jésus le Nazaréen, cet homme dont Dieu avait fait connaître la mission en accomplissant par lui des miracles, des prodiges et des signes au milieu de vous, comme vous le savez bien. Cet homme, livré selon le plan et la volonté de Dieu, vous l'avez fait mourir en le faisant clouer à la croix par la main des païens. Or, Dieu l'a ressuscité en mettant fin aux douleurs de la mort, car il n'était pas possible qu'elle le retienne en son pouvoir »*. Viens en nos cœurs, Esprit Saint, pour qu'à notre tour nous soyons d'authentiques témoins du Christ ressuscité tant par nos paroles que par notre vie afin que le monde croit en l'infinie miséricorde du Père.

Esprit Saint, dont les fruits sont *« amour, joie, paix, patience, bonté, bienveillance, foi, humilité et maîtrise de soi »* (Ga 5, 22-23), Toi qui comble ceux qui sont affamés et assoiffés de justice, Toi qui redresse ceux qui sont tordus, Toi qui embrase et transforme les cœurs qui t'appellent, Toi qui fortifie l'homme qui reconnaît humblement sa pauvreté et sa faiblesse. Viens en nos cœurs, Esprit Saint pour que nous puissions construire un monde qui soit toujours plus humain, plus respectueux de la dignité de l'homme depuis sa conception jusqu'à sa mort naturelle, plus respectueux de la vérité de l'amour humain vécu au sein de la famille première cellule de l'Église et de la société.

Esprit Saint, Esprit du Père et du Fils devant qui nous ployons le genou viens sur les pauvres et les petits, sur les méprisés et les opprimés ; viens sur les enfants mal-aimés et les vieillards délaissés ; viens sur ceux qui ont besoin de ta Sagesse pour établir la justice et la paix dans le respect du bien commun ; viens sur ceux qui connaissent Ta Parole et L'annonce ainsi que sur ceux qui Te cherchent ; viens révéler la vérité de l'Amour du Père et du Fils à ceux qui ne le connaissent pas ; viens sur ceux qui suivent le Christ et ceux qui se détournent du Seigneur. Viens Esprit Saint dans le cœur de tous les hommes.

« Maître, où demeures-tu ? » - « Venez et voyez »

Vers le Père

« Un jour, quelque part, Jésus était en prière. Quand il eut terminé, un de ses disciples lui demanda : "Seigneur, apprends-nous à prier, comme Jean Baptiste l'a appris à ses disciples". Il leur répondit : "Quand vous priez, dites : 'Père,... » (Luc 11,1-2)

Ces versets de saint Luc introduisant la prière du Notre Père sont très émouvants. En effet, l'évangéliste ne donne aucune précision ni du lieu, ni du moment de cette prière de Jésus. Il nous plonge dans un tableau qui nous montre Jésus en prière. Le lecteur a comme la sensation que les disciples ont surpris Jésus seul entrain de prier. Ils ont fait cette expérience unique de voir le Fils dans son lien d'intimité avec le Père. On ne peut alors déterminer ni l'espace ni le temps car Jésus, Verbe de Dieu qui a pris chair de notre chair, est alors pleinement plongé en Dieu. Il révèle ainsi les échanges mystérieux entre le Ciel et la Terre. Il est le médiateur entre Dieu et les hommes.

N'est-ce pas en quelque sorte cette expérience que nous pouvons faire lorsque nous prenons le temps de prier ? C'est pourquoi les disciples demandent à leur Maître de leur apprendre, de leur donner de vivre cette même intimité. Ce que Jésus vit dans la nature de Fils bien-aimé, ils veulent le vivre par grâce, par le don que le Seigneur va leur faire : *« Quand vous priez, dites : "Père..." »*.

Par le don du Notre Père, Jésus manifeste que l'homme est appelé à ne pas rester en dehors de l'intimité de cette circulation d'Amour infini qui se vit, entre les Personnes divines, au sein de la Trinité Sainte depuis toute éternité. C'est par la prière que la porte est ouverte à l'homme. C'est dans la prière que ce dernier peut faire l'expérience du salut : être introduit dans l'intimité de l'enfant avec le Père. Découvrant cela, le disciple prend alors conscience de la source de sa vie et de ce à quoi il est appelé, de ce vers quoi sa vie est pleinement tendue : par le Fils, dans l'Esprit Saint, l'humanité est en pèlerinage vers le Père. Tout vient du Père, dans l'histoire et dans nos vies, et tout retourne vers le Père dès maintenant et pour toujours.

Par son Incarnation, par toute sa vie, mais aussi par sa Mort et sa Résurrection, le Fils nous ouvre ce chemin vers le Père. Mais de plus, dans l'Esprit Saint, Jésus donne a tout homme de faire dès ici-bas l'expérience de cette relation d'intimité avec le Père. « *Et voici la preuve que vous êtes des fils : envoyé par Dieu, l'Esprit de son Fils est dans nos cœurs, et il crie vers le Père en l'appelant "Abba !"* », écrit saint Paul[17]. C'est pourquoi Jésus dit à ses disciples : « *Quand vous priez, dites : "Père..."* ». C'est-à-dire vivez dès maintenant de cette relation filiale qui vous est donnée.

Accueillir en vérité cette relation filiale a des répercussions sur le quotidien de la vie du disciple du Christ. « *Il ne suffit pas de me dire : 'Seigneur, Seigneur !', pour entrer dans le Royaume des cieux ; mais il faut faire la volonté de mon Père qui est aux cieux* »[18], nous dit Jésus. En d'autres termes, la relation d'alliance, qui s'exprime dans la filiation, doit avoir une répercussion concrète tout au long de la vie du disciple. Si la foi chrétienne n'est pas un mode de vie ou une idéologie, mais a sa source dans une rencontre personnelle avec Jésus, il n'en demeure pas moins vrai qu'il y a un agir spécifiquement chrétien qui s'exprime avec force dans le commandement nouveau laissé par Jésus : « *Je vous donne un commandement nouveau : c'est de vous aimer les uns les autres. Comme je vous ai aimés, vous*

---

[17] Galates 4, 6.
[18] Matthieu 7, 21.

aussi aimez-vous les uns les autres »[19]. Le disciple du Christ est appelé à aimer COMME Jésus l'aime ! Pour cela, il a besoin de la grâce de Dieu, du don de l'Esprit Saint, de prier afin d'accomplir la volonté du Père.

Il se trouve que le deuxième lieu du don du Notre Père est au cœur du sermon sur la montagne[20]. Révélant le contrat de l'alliance nouvelle et éternelle, *«Vous avez appris (...) Eh bien moi, je vous dis (...) ! »*, Jésus rappelle l'importance de la prière et tout particulièrement du Notre Père. Écoutons-le :

« Lorsque vous priez, ne rabâchez pas comme les païens : ils s'imaginent qu'à force de paroles ils seront exaucés. Ne les imitez donc pas, car votre Père sait de quoi vous avez besoin avant même que vous l'ayez demandé. Vous donc, priez ainsi : Notre Père, qui es aux cieux, que ton nom soit sanctifié. Que ton règne vienne ; que ta volonté soit faite sur la terre comme au ciel. Donne-nous aujourd'hui notre pain de ce jour. Remets-nous nos dettes, comme nous les avons remises nous-mêmes à ceux qui nous devaient. Et ne nous soumets pas à la tentation, mais délivre-nous du Mal ».

En effet, cette prière donnée par Jésus conduit l'homme à avoir la même attitude de miséricorde que le Père a vis-à-vis de l'humanité :

« Car, si vous pardonnez aux hommes leurs fautes, votre Père céleste vous pardonnera aussi. Mais si vous ne pardonnez pas aux hommes, à vous non plus votre Père ne pardonnera pas vos fautes »[21].

Ces quelques mots sur le cadeau du Notre Père nous révèlent deux choses essentielles de notre vie de foi.

Tout d'abord la vocation de l'homme est de vivre de cette intimité d'un enfant vis-à-vis de son Père. Bien souvent, on a alors tendance à penser que cette intimité e sera effective qu'au moment de la grande rencontre dans la Gloire du

---

[19] Jean 13, 34.
[20] Ce sermon sur la montagne se trouve dans les chapitres 5, 6 et 7 de l'évangile selon saint Matthieu.
[21] Matthieu 6, 7-13.14-15.

Ciel, or Jésus vient nous dire que nous pouvons en faire l'expérience dès aujourd'hui par la prière du Notre Père.

Deuxièmement, cette intimité s'exprime d'une manière explicite dans le quotidien de nos vies. C'est pourquoi, il nous est nécessaire de prendre le temps de prier afin que la relation vécue puisse transformer notre vie et qu'ainsi notre justice surpasse celle des scribes et pharisiens pour entrer dans le Royaume des Cieux[22].

> « Le *Notre Père* est la prière que Jésus a voulu laisser à ses disciples. Elle constitue le terme d'un long chemin qui a permis de comprendre progressivement, sous la sage conduite de Jésus, la relation cohérente que les baptisés doivent avoir avec Dieu. Elle est, pour tous les chrétiens, une prière sacrée non seulement parce qu'elle est sortie de lèvres mêmes de Jésus, mais surtout parce qu'il a voulu qu'en elle se manifeste l'originalité de la foi en lui. Jésus est le chemin nécessaire pour accéder au Père et, par lui qui est le Fils, nous sommes, nous aussi, habilités à nous tourner vers Dieu en l'appelant Père »[23].

C'est pourquoi, unis par le même Esprit, osons dire souvent cette prière du Notre Père que nous avons reçu du Sauveur Jésus.

---

[22] Cf. Matthieu 5, 20.
[23] Conseil de présidence du grand Jubilé de l'an 2000, *Dieu, Père de Miséricorde*, Mame, 1998, p. 107.

« Maître, où demeures-tu ? » - « Venez et voyez »

Bibliographie

1. L'ensemble des citations de l'Écriture Sainte sont tirées de la Bible de la Liturgie qu'on retrouve sur le site internet : http://www.aelf.org/bible-liturgie

2. Les citations des textes des différents Papes sont sur le site internet du Saint Siège. Il en va de même pour les citations du Concile *Vatican II* et du *Catéchisme de l'Église Catholique* :

    a. http://www.vatican.va/phome_fr.htm

    b. http://www.vatican.va/archive/hist_councils/ii_vatican_council/index_fr.htm

    c. http://www.vatican.va/archive/FRA0013/_INDEX.HTM

3. Outre les citations explicites, avec référence, que l'on retrouvera dans le fil du texte, certaines homélies sont inspirées soit de celles proposées par le père Jacques Fournier sur le site de la Conférence des évêques de France, soit des livres d'homélies du cardinal Christoph Schönborn, soit de celles de monseigneur Dominique Rey que l'on retrouvera sur le site du diocèse de Fréjus-Toulon :

    a. http://www.eglise.catholique.fr/foi-et-vie-chretienne/jfournier.html

b. *Pensées sur l'évangile*, Parole et Silence, 2003

c. *Pensées sur l'évangile de Marc*, Parole et Silence, 2006

d. *Pensées sur l'évangile de Luc*, Parole et Silence, 2006

e. http://www.diocese-frejus-toulon.com/

Du même auteur

➢ Aux éditions Salvator :
Pour annoncer l'évangile aujourd'hui, 2010

➢ Aux éditions Croix du Salut :
Devenir disciple bien-aimé – Propos sur la nouvelle évangélisation, 2012

i want morebooks!

Oui, je veux morebooks!

Buy your books fast and straightforward online - at one of world's fastest growing online book stores! Environmentally sound due to Print-on-Demand technologies.

Buy your books online at

www.get-morebooks.com

Achetez vos livres en ligne, vite et bien, sur l'une des librairies en ligne les plus performantes au monde!
En protégeant nos ressources et notre environnement grâce à l'impression à la demande.

La librairie en ligne pour acheter plus vite

www.morebooks.fr

VDM Verlagsservicegesellschaft mbH
Heinrich-Böcking-Str. 6-8   Telefon: +49 681 3720 174   info@vdm-vsg.de
D - 66121 Saarbrücken   Telefax: +49 681 3720 1749   www.vdm-vsg.de

www.ingramcontent.com/pod-product-compliance
Lightning Source LLC
Chambersburg PA
CBHW032006220426
43664CB00005B/158